[큰글확장판]

기도가 전부가
되게 하라

큰글확장판
기도가 전부가 되게 하라

저자 앤드류 머레이
역자 김창대

초판 1쇄 발행 2011. 5. 13.
큰글확장판 1쇄 발행 2021. 3. 3.
큰글확장판 5쇄 발행 2023. 12. 10.

발행처 도서출판 브니엘
발행인 권혁선

책임교정 조은경
책임영업 기태훈
책임편집 브니엘 디자인실

등록번호 서울 제2006-50호
등록일자 2006. 9. 11.

서울특별시 송파구 백제고분로28길 25 B101호 (05590)
마케팅부 02)421-3436
편집부 02)421-3487
팩시밀리 02)421-3438

ISBN 979-11-90308-41-0 03230

독자의견 02)421-3487
이메일 editorkhs@empal.com

북카페 주소 cafe.naver.com/penielpub.cafe
인스타그램 @peniel_books

도서출판 브니엘은 독자들의 원고를 설레는 마음으로 기다리고 있습니다.
위의 이메일로 간단한 기획 내용 및 원고, 연락처 등을 보내주십시오.

도서출판 브니엘은 갓구운 빵처럼 항상 신선한 책만을 고집합니다.

[큰글확장판]

기도가 전부가
되게 하라

- The Prayer Life by Andrew Murray -

앤드류 머레이 지음 | 김창대 옮김

브니엘

.

　독자들이 내가 이 책을 집필하게 된 이유와 목적을 안다면 그 가
르침을 이해하는 데 더 도움이 되리라고 본다. 이 책은 1912년 4월
11일부터 14일까지 남아프리카 스텔렌보스에서 열린 한 목회자 컨
퍼런스에서부터 시작되었다. 당시 네덜란드 개혁신학교의 드 보스
교수가 교회의 목회자들에게 교회에 전반적으로 흐르고 있던 낮은
수준의 영성에 관해 서신을 써 보냈다. 이는 여타 교회도 얼마나 광
범위하게 그런 상황에 처해 있는지를 생각하게 했다. 이 서신에서
영적인 능력의 결핍에 관해 기술된 글은 깊은 성찰을 요구했다.

　그는 우리가 함께 모여 하나님의 임재 안에서 이 악의 원인을 찾
아내자고 제안했다. 그는 이렇게 말했다. "우리가 모든 충실함의 조
건을 연구한다면 우리의 불신앙과 죄가 영적인 능력을 떨어뜨리는
원인임을 인정하게 될 것이다. 이 상태는 하나님 앞에서 하나의 죄

요, 범죄 행위이며, 곧 하나님의 성령을 근심하게 할 뿐이다."

그의 제안은 강렬한 반응을 일으켰다. 네 명의 신학 교수들과 2백여 명이 넘는 목회자, 신학생들은 그의 주장을 이 모임의 주제로 받아들였다. 바로 이 최초의 메시지로부터 회개와 회복에 이르는 유일한 길인 참회의 물결이 흘러나왔다. 이후에 무엇이 교회의 생명력을 이토록 약화시키는 죄가 될 수 있는지를 간증하는 기회가 주어졌다. 몇 사람은 다른 목회자들에게서 보았던 행위, 교리, 혹은 예배의 실패를 언급했다. 그러나 곧 이것이 옳지 않음을 깨닫게 되었다. 무엇보다 각자 자신이 죄를 범했음을 인정해야 했다. 주님은 우리를 점차 그 죄악의 가장 깊은 뿌리가 기도하지 않는 죄라는 사실을 깨닫도록 이끌어 가셨다. 누구도 그 죄로부터 벗어났다고 주장하지 못했다.

목회자든 일반 성도든 간에 믿음과 끊임없는 기도의 결핍만큼 불완전한 영적생활을 드러내는 것은 없다. 기도는 영적생활의 동력이다. 기도는 목회자와 성도들에게 하늘의 축복과 능력을 가져다주는 중대한 수단이다. 끈기 있고 믿음 있는 기도는 강력하고 풍성한 삶을 의미한다. 회개의 영이 가득 임했을 때 "기도생활에 장애가 있던 지난날에도 우리가 승리를 얻을 수 있었을까?"라는 의문이 생겨난다.

이전에도 작은 집회가 여러 번 있었고, 거기서 많은 사람이 새로운 출발을 갈망했지만, 그들이 하나님의 말씀만큼이나 중요하다고 여기는 기도생활을 유지할 수 있을지는 여전히 확신하지 못했다. 그들은 종종 시도했지만 실패했다. 그들은 주님께 주님처럼 살고 기도하겠노라고 감히 약속하지 못했다. 불가능하다고 여겼다. 이러한 고백을 통해 점차 새로운 기도생활을 가능하게 하는 유일한 힘은 우리의 고마우신 구주와 완전히 새로운 관계 속에서 발견될 수 있다는 진리에 이르렀다.

주님 안에서 우리를 죄(기도하지 않은 죄를 포함해)에서 구원하신 하나님을 볼 때 우리는 그분의 더욱 친밀한 삶을 갈망하는 믿음에 이르게 된다. 그러면 그분과의 사랑과 사귐으로 인해 기도는 우리의 영적생활의 자연스러운 표현으로 나타나게 될 것이다. 이 모임을 마치기 전에 많은 사람은 예수 그리스도 안에서 새로운 빛과 희망을 발견하고 새로운 기도생활을 위한 힘을 얻었다고 간증했다.

하지만 많은 이는 이것이 시작에 불과하다는 것을 깨달았다. 오랫동안 기도의 자리를 점령하고 있던 사탄은 우리를 이 세상과 육체의 정욕으로 돌아가게 하려고 가능한 최고의 노력을 재개했다. 그리스도의 가르침과 교제만이 우리로 하여금 여전히 믿음에 서 있게 할 수 있는 유일한 힘이었다.

나는 컨퍼런스에 참석했던 사람들에게 그 모임에서 깨달았던 것을 상기시키고 목회의 성공과 성도들의 신앙생활에 너무나도 중요한 기도생활을 새롭게 하는 데 어떤 노력이 도움되었는지를 생각나게 하려고 그때 다루었던 진리들을 진술할 필요를 느꼈다. 또한 그회의에 참석하지 못했던 사람들을 위해서도 필요했다.

　이 책의 초판은 만약 교회의 지도자와 목회자, 장로들이 영적인 일을 하는 데 있어서 모든 것이 기도에 달려 있다는 것과 하나님이 직접 그분을 섬기는 사람들을 도우심을 깨닫는다면 분명히 교회에 희망의 날이 올 것이라는 생각으로 보급되었다. 그리고 기도를 더 많이 하고, 더 잘하기를 원하는 모든 사람을 위해 개인적인 기도의 자리에 임하는 하나님의 영광과 그 영광이 영혼에 머무를 수 있게 하는 방법이 시사되었다.

　처음으로 이 책을 영어로 번역해 달라는 요청이 들어왔을 때 나는 집필이 너무 급하게 이루어졌으며, 앞서 말한 모임에 직접 참여한 관계로 어조가 지나치게 구어체여서 바람직하지 않다고 생각했다. 또한 나의 부족한 능력으로 이 글을 다시 쓴다는 것은 불가능하다고 생각되었다. 그러나 내 친구인 W. M. 더글라스 목사가 이 글을 영어로 번역할 수 있도록 허락을 구했을 때 나는 동의할 수밖에 없었다. 하나님께서 이 책을 통해 하나님의 종 누구에게든지 하실 말씀이 계신다면, 나는 하나님이 앞으로 행하실 일들의 한 가지 제안으로써 여기에서 우리의 교회를 위해 행하신 일들을 말할 수 있음을 특권으로 받아들이겠다.

　끝으로 이 글을 읽게 될 모든 복음의 사역자와 교회의 구성원들에게 나의 인사를 전하려고 한다. 하나님의 은혜가 우리 가운데 분명히 역사하셔서 죄를 자각시키고, 우리의 깊은 필요와 연약함을 고백하게 하며, 예수 그리스도께서 믿는 자들을 위해 하실 일들에 관한 비전과 믿음을 주실 것이다. 또한 주님이 이 책을 읽는 사람들이 믿음의 형제를 찾아가 상담하며, 그리스도인에게 가장 필요한 기도를 통해 하나님과 충만한 교제를 구하고 얻을 수 있는 용기를 주시길 간절히 기도한다.

이런 말이 있다. "기도하지 않는 자들은 자신의 기도하지 않음을 회개하기에는 너무나 거만하다." 많은 심령이 전심으로 부족함을 고백함으로써 하나님의 은혜로 돌아서서 하나님이 기도의 응답으로 이루실 일들을 경험하는 축복을 누릴 수 있기를 바란다.

기도는 믿는 자들의 마음속에 영혼을 다스리고, 또 하나님의 나라를 섬기는 성스러운 일을 가능하게 하도록 성령이 거하시는 자리를 내주는 말할 수 없는 축복의 수단이 되었다. 여전히 성령의 권능과 그 완전한 지식을 다 이해하기에는 많이 부족하지만 성령께서 일하시도록 우리는 기도하는 동안 우리를 통해 역사하신 일들을 충분히 감사해야 한다. 이 땅의 모든 사람이 이를 깨닫고 기뻐하며 자신의 삶의 영역에서도 이 같은 순종으로 화답할 것이라 생각하며 이 글을 마친다.

글쓴이 앤드류 머레이

P·A·R·T·1

먼저 기도하지 않는
죄를 회개하라

01
- -
The Prayer Life _ Part 1

죄는
- 기도의 문을 막는다

은혜를 이해하기 위해, 그리스도를 올바르게 이해하기 위해 우리는
죄가 무엇인지 이해해야 한다. 그렇다면 어떻게 죄를 이해할 수 있
을까? 하나님과 말씀의 빛을 통해서만 가능하다.

성경의 첫 장으로 가보자. 인간은 하나님의 형상대로 하나님에 의
해 창조되었고 심히 좋았더라는 말씀을 들었다. 그 후에 하나님에
대한 반역으로 죄가 들어왔다. 아담은 낙원에서 쫓겨났고 막대한
수의 다음세대까지 저주와 파멸이 함께 선포되었다. 이 모든 것은
죄의 작용이었다.

조금 나아가 아라랏 산에서 노아의 방주를 보자. 하나님은 사람들

사이의 죄악이 너무나 관영해서 그 땅을 멸하실 수밖에 다른 도리가 없다고 여기셨다. 이것 역시 죄의 작용이었다.

시내 산으로 가보자. 여호와 하나님은 이스라엘 민족과 함께 언약을 세우려고 하셨다. 그러나 인간들의 죄악으로 인해 불 가운데, 구름 가운데, 흑암 가운데 나타나셔서 언약을 하실 수밖에 없었다. 그 두려움으로 인해 모세는 "내가 심히 두렵고 떨린다"라고 말했다. 모세가 율법을 전해받기 전에 마지막으로 무시무시한 메시지가 들려왔다. "누구든지 율법 책에 기록된 대로 모든 일을 항상 행하지 아니하는 자는 저주 아래에 있는 자라"(갈 3:10). 이것을 가능하게 한 것도 죄였다.

이번에는 나와 함께 갈보리로 가보자. 그곳에서 죄의 본질과 하나님의 아들을 배척하고 십자가에 못 박은 이 세상의 증오와 적의가 드러날 것이다. 이 세상의 죄는 갈보리에서 절정에 이르렀다. 그리스도는 죄를 파멸할 유일한 방법으로 하나님에 의해 저주를 받고 죄 있는 모양이 되셨다. 주님이 이 무서운 잔을 마시지 않게 해주기를 기도하셨던 겟세마네의 고통과 십자가 위에서 "나의 하나님, 나의 하나님, 어찌하여 나를 버리셨나이까?"라고 부르짖으며 버려진 바 되었다는 깊은 흑암의 고통에서 우리는 죄가 가져오는 저주와 형언할 수 없는 고통을 어렴풋이나마 깨닫게 된다. 우리가 죄를 미워하고 거리끼게 하는 무엇이 있다면 그것은 바로 십자가 위의 그리스도이시다.

다음으로 최후의 심판 날의 심판 자리로 가보자. 셀 수 없이 많은 영혼이 "나로부터 떨어져서 저주를 받아 꺼지지 않는 불에 들어가리라"는 판결을 받고 어둠의 무저갱으로 꼬꾸라질 것이다. 이 말들이 정말 우리의 가슴을 찌른다면 이제 절대 잊을 수 없는 공포로 우리를 사로잡는 이 죄를 완전한 증오로 미워할 수 있을 것이다.

기도의 문을 막는
죄의 위력

죄가 무엇인지 이해하게 하는 다른 어떤 것이 또 있는가? 내면으로 눈을 돌려 당신의 마음속을 들여다보라. 그러면 거기에 죄가 있을 것이다. 당신이 이미 알아왔던 죄로 말미암은 모든 증오와 불경건은 당신의 마음속에 있는 죄가 드러내고 노출하는 것이 무엇인지 알게 한다. 바로 하나님을 향한 모든 적의와 인간의 모든 파괴와 증오의 모든 속성 등이다. 이 모든 것이 당신이 저지른 죄 속에 숨겨져 있으며 여전히 마음속에 도사리고 있다. 당신이 하나님의 자녀임을 기억하라. 그럼에도 당신은 때때로 죄를 범한다. 죄가 그 욕망을 채우도록 허락한다. 당신은 수치 속에 이렇게 부르짖고 싶은 압박을 느끼지 않는가? "죄로 인해 나에게 화로다." "나를 떠나소서. 나는 죄인이로소이다."

죄의 가장 큰 위력은 사람들의 눈을 어둡게 해 죄의 본질을 인식하지 못하도록 만드는 것이다. 그리스도인 자신도 절대 완전해질 수 없다는 생각을 핑계 삼아 죄짓는 것이 당연하다고 여긴다. 인간은 죄를 짓는 데 너무나 익숙해져서 죄로 인해 통곡하는 힘과 능력을 거의 잃어버렸다. 그렇기에 하나님을 거스른 모든 불순종에 관한 죄의식 없이는 진정한 은혜도 있을 수 없다. 또한 이보다 중요한 질문이 있을 수 없다. "어떻게 하면 잃어버렸던 죄의 분별력을 회복하고 하나님께 진정으로 상한 심령을 올려드릴 수 있을까?"

성경은 그 방법을 가르쳐준다. 하나님이 죄를 어떻게 생각하시는지 기억하라. 그분의 거룩함은 죄를 향해 불타도록 미워하시며 죄를 정복하고 우리를 죄의 권세에서 해방시키기 위해 중대한 희생을 하실 정도로 싫어하신다. 하나님의 거룩함이 당신 위에 비칠 때까지 그분의 임재 속에서 기다리라. 그러면 당신은 이사야처럼 외치게 될 것이다. "화로다. 나여 망하게 되었도다!"

십자가를 기억하고, 그리스도의 사랑이 죄로 말미암아 형언할 수 없는 고통 속에서 견뎌야 했음을 생각하라. 그 사랑이 "내가 미워하는 이 진절머리 나는 것을 행하지 말라"고 말하는 목소리에 귀를 기울이라. 시간을 들여 십자가의 보혈과 사랑이 그 영향력을 가득히 행사하게 하라. 죄는 사탄과 그의 권세에 손을 들어주는 것이나 다름없다. 죄에 관한 깊은 지식이 거의 사라진 이유는 우리가 기도하지 않음과 하나님 앞에서 기다리지 못하고 성급했던 것의 끔찍한 결과가 아닌가?

그리스도께서 구원을 위해 어떤 끔찍한 대가를 치르셔야 했는지를 생각하라. 그리스도의 희생으로 인해, 성령에 의해 하나님의 용서와 깨끗하게 하심과 새롭게 하심이라는 측량할 수 없는 은혜의 선물이 왔다는 사실을 기억하라. 그 사랑을 어떻게 갚아야 하는지 여쭈어보라. 하나님의 임재 속에 머물며 이 질문을 할 만큼의 시간만 들인다면 하나님의 영이 우리 안에 죄에 관한 자각심을 일깨워주실 것이다.

성령은 우리가 완전히 새로운 관점을 갖도록 가르치실 것이며, 죄에 관해 새로운 태도를 보이게 하실 것이다. 이런 생각이 우리 마음속에 일어난다면 우리는 그리스도의 능력으로 매일 그리스도께서 십자가 위에서 이루신 죄에 관한 위대한 승리에 동참하고 그 승리를 삶 속에 나타낼 수 있다.

당신의 생각은 어떠한가? 조급하게 피상적으로만 하나님과 교제를 함으로 인해 죄에 관한 감각이 너무 둔해지면 죄를 미워하고 그것으로부터 피하는 힘을 가질 만한 어떠한 동기도 생겨날 수 없다. 지속해서 겸손하게 하나님과 은밀한 교제를 하는 것 외에 그 무엇도 당신을 자녀로서 하나님이 원하시는 만큼 죄를 미워하도록 만들 수 없다. 우리가 죄를 깊이 이해하지 않고서는 예수 그리스도께서 가능하게 만드신 승리에 합당하게 되거나 성령에 의해 당신 안에서도 승리의 역사가 일어나게 할 수 없다.

"오, 나의 하나님. 저로 저의 죄를 알게 하시고, 당신의 성령이 당신의 거룩하심을 저의 위에 머물게 하실 때까지 잠잠히 기다리게 하소서! 저의 죄를 깨닫게 도우소서! '주와 동행하는 자는 죄를 짓지 않으리라.' 당신의 이 약속에 귀 기울이게 하소서. 당신으로부터 충만함을 기대하도록 도우소서!"

기도하지
않는 것은 죄

회개하는 마음을 통해 죄의 비참함을 느낀다면 모든 사람이 자신의 죄를 낱낱이 고백하지 않을 수 없을 것이다. 죄의 고백은 철저히 개인적이어야 한다. 우리 각자가 스스로 '유죄'임을 고백해야 한다. 그 어떤 죄도 기도하지 않는 죄보다 더 큰 수치가 될 수 없다.

그렇다면 기도하지 않는 것이 이토록 큰 죄인 까닭은 무엇인가? 사실 죄는 처음에는 단순히 약점처럼 보인다. 시간이 없다거나 온갖 형태의 방해 때문이라는 말을 자주 듣다 보면 상황의 심각성이 희석되기도 한다. 하지만 기도하지 않는 것은 분명 죄이다. 이제 그 이유를 살펴보자.

첫째, 하나님 앞에 가장 큰 치욕이다. 거룩하고 영광스러운 하나님은 우리를 그분께 오라고 하시며, 그분과 함께 교제하고, 모든 필요를 구하라고 하신다. 하나님과 사귐으로써 경험할 수 있는 깊은 축복의 자리로 초대하신다. 하나님은 우리를 그분의 형상대로 창조하셨으며, 그분의 독생자를 통해 구원하사 하나님과 교제를 통해 우리가 최상의 영광과 구원을 누리게 하셨다. 우리가 이런 천상의 특권을 누릴 수 있는 이유가 무엇인가? 바로 기도 때문이다.

그럼에도 불구하고 기도에 겨우 5분만 할애하는 사람들이 얼마나 많은가! 우리는 시간이 없다고 말한다. 솔직히 기도의 열정이 부족한 것이다. 우리는 하나님과 채 30분도 함께 보낼 줄 모른다. 전혀 기도하지 않는다는 말이 아니다. 매일 기도한다. 그러나 기도의 기쁨을 모른 채 그저 하나님이 자신의 전부라는 표시로 생색만 낼 뿐이다.

우리는 친구가 방문한다면 함께 많은 시간을 보낼 것이다. 희생을 감수하더라도 시간을 내서 교제의 즐거움을 만끽할 것이다. 그렇다. 우리는 무엇이든 자신이 관심 있는 일에는 무슨 수를 써서라도 시간을 내지만 하나님과 교제하고 함께 있는 즐거움을 누릴 시간은 없다. 자신에게 유익이 되는 사람을 찾는 데는 시간을 내지만 하루가 지나고 한 달이 흘러도 하나님과 한 시간도 보낼 여유가 없다.

이제 당신의 양심이 감히 하나님과 교제할 시간을 낼 수 없다고 말하면서 하나님을 멸시하고 욕되게 한 죄를 인정하기 시작하는가? 그 죄가 명백하게 느껴진다면 수치심을 느끼며 "나에게 화가 있으리로다. 나는 망하게 되었도다. 오, 하나님! 나에게 자비를 베푸셔서 기도하지 않은 이 끔찍한 죄를 용서하소서!"라고 울부짖어야 할 것이다.

둘째, 영적생활이 피폐해지는 원인이다. 기도하지 않는 현상은 우리의 인생이 여전히 '육체'의 소욕 아래에 있다는 증거이다. 기도는 생명의 맥박이다. 즉 기도하지 않는 죄는 그리스도인의 영혼에 거하시는 하나님의 생명이 치명적으로 위험하다거나 병들었음을 입증한다.

교회가 그 부르심을 이행해서 교회 구성원들에게 영향력을 미치고, 그들이 세상의 모든 권세에서 벗어나 하나님을 향해 거룩한 헌신을 하도록 만드는 힘이 약화된 것에 관해 많은 말과 비판이 있었다. 또한 교회가 그분의 사랑과 구원을 알게 하라고 그리스도로부터 위임받은 많은 불신자에 대해 무관심하다는 말도 많이 있었다.

이처럼 이 세상의 수많은 그리스도인이 더 큰 영향력을 행사하지 못하는 결정적인 이유는 무엇인가? 기도하지 않음, 이것 외에는 없다. 사람들을 가르치고 교제하는 일에 아무리 충성했다 할지라도 학문에 관한 모든 열정과 교회 안에서의 모든 사역을 위한 성령의 분명한 약속과 하늘로부터 오는 권능을 받는 것에 직결된 쉼 없는 기도가 부족했다. 그렇기에 기도하지 않는 죄는 무력한 영적생활의 원인이다.

셋째, 리더가 기도하지 않음으로 인해 교회가 끔찍한 손실을 보고 있다. 리더의 사명은 믿는 사람들이 기도의 삶을 살도록 훈련하는 것이다. 그런데 리더가 하나님과 교제하는 방법을 모르고, 성령으로부터 자신과 자신의 사역을 위해 매일 풍성한 은혜를 받을 줄 모른다면 어떻게 이 일을 할 수 있겠는가? 리더는 성도들을 자신의 수준 이상으로 이끌 수는 없다. 직접 걸어보지도 않은 길로 인도하거나 경험하지도 않은 일을 열정적으로 가르칠 수는 없다.

많은 리더가 기도의 축복과 하나님과의 교제를 거의 모른 채 살아가고 있다. 그렇지 않으면 조금은 알고 있으며 더 많이 알기를 갈망하면서도, 실제로는 하나님의 말씀을 전할 때 이 기도의 축복을 얻어내기 위해 끊임없이 기도하지 않는다. 그 단순하고도 유일한 원인은 리더들이 능력 있는 기도의 비밀을 거의 알지 못한다는 것과 본질상 하나님의 뜻 안에서 필수 불가결한 기도를 그들의 섬김의 자리에 두지 않는다는 것에 있다. 오, 리더들이 기도하지 않는 죄를 바로 조명하고, 이에서 해방될 수 있다면 우리 교회가 얼마나 달라지겠는가!

넷째, 모든 사람에게 하나님의 복음을 전할 수 없다. 비록 우리가 복음을 전하라는 그리스도의 명령을 받았지만 기도하지 않는 죄가 극복되고 떠나가지 않는 한 결코 불가능하다.

많은 사람이 그리스도인으로서 가장 중요한 사명은 영혼의 구원을 위해 기도에 힘씀으로써 자기 자신을 주께 드리는 사람들을 얻는 것으로 생각한다. 하나님은 그분의 백성들이 밤낮으로 자신에게 부르짖을 준비가 되었다거나 그런 의지만 보여도 손수 구원하신 이 세상을 이끄시고 축복하기 위해 열심을 내실 것이다. 또 그렇게 하실 수 있다고 말하는 사람도 많다.

그러나 그리스도인이 완전히 변화되기 위해 가장 필수적인 일은 비전의 정립도, 사역의 확장도 아니다. 무엇보다 하늘로부터 임하는 능력을 덧입을 때까지 기도로 하나님과 교제하는 것이다. 이 사실을 깨닫지 못한다면 어떻게 이에 도달할 수 있겠는가?

천국에 관한 모든 생각과 사역과 기대가 우리로 하여금 기도하지 않는 죄를 깨닫게 하도록 이끌기를! 하나님은 기도하지 않는 죄가 뿌리 뽑히도록 우리를 도우신다. 하나님은 예수 그리스도의 보혈과 권세를 통해 우리를 그 죄에서 구원해주신다. 하나님은 모든 말씀 사역자들이 먼저 이 죄의 뿌리에서 해방되어 믿음과 인내 안에서 용기와 기쁨을 가지고 자신의 하나님과 동행할 때, 얼마나 영광스러운 자리를 차지하고 있는지를 스스로 볼 수 있도록 가르쳐주실 것이다.

하나님은 우리의 마음에 기도하지 않는 죄의 짐을 너무나 무겁게 지워주셨다. 하지만 예수님의 이름과 권능을 통해 우리에게서 이 죄가 멀리 떠나가게 하셨다. 그분이 우리를 위해 그것이 가능하게 하실 것이다.

기도하지 않는
이유는 무엇인가

한 형제가 장로들의 기도 모임에서 다음과 같이 물었다.

"이토록 기도하지 않는 이유가 무엇인가요? 믿음이 없어서인가요?"

나의 대답은 이러했다.

"물론이지요. 그런데 그 믿음 없음의 원인은 무엇일까요?"

제자들이 예수님께 여쭈었다.

"우리는 어찌하여 능히 그 귀신을 쫓아내지 못했나이까?"

예수님이 대답하셨다.

"너희 믿음이 작은 까닭이니라."

그리고 덧붙이셨다.

"기도와 금식이 아니면 이런 유가 나가지 아니하느니라."

삶 속에서 금식(세상을 물리치는 것)과 기도(하늘나라를 붙드는 것)를 통한 자기 부인이 없다면 믿음은 실행될 수 없다. 우리가 불평하면서도 기도하지 않는 근본적인 원인은 성령을 따르지 않고 육체를 따르는 생활에서 찾을 수 있다.

그 모임을 마쳤을 때 그 형제가 나에게 말했다.

"결단코 불가능한 것은 우리가 성령으로 기도하기를 원하면서 동시에 육체를 따라 사는 것입니다."

육체에 속한
그리스도인

만약 병에 걸린 사람이 치유받기를 원한다면 그 병의 진짜 원인이 무엇인지 밝혀내는 것이 급선무일 것이다. 이는 모든 회복을 위한 첫 번째 단계이다. 그 근본 원인이 무시되고 잘못된 원인이나 부차적인 문제에 주의가 집중된다면 치료는 불가능하다. 이와 마찬가지로 지금 당장 우리에게 큰 축복의 장소가 되어야 할 기도의 은밀한 자리를 갖는 데 실패하고, 거의 죽은 듯 살아가는 이 슬픈 현실의 원인이 무엇인지 정확히 통찰해보는 것이 극히 중요하다. 이 악의 뿌리를 확실히 캐보자.

성경은 우리에게 그리스도인에게 가능한 단 두 가지 상태가 있다고 가르친다. 하나는 성령을 따라 사는 것이며, 다른 하나는 육체를 따라 사는 것이다. 이 두 가지 힘은 서로 조화될 수 없는 갈등관계에 놓여 있다. 그런데 대부분의 그리스도인들은 성령을 통해 거듭나고 하나님의 생명을 받았음에도 불구하고 여전히 성령이 아닌 육체를 따라 예전의 삶을 살고 있다.

그래서 사도 바울은 갈라디아 교인들에게 다음과 같이 썼다. "너희가 이같이 어리석으냐. 성령으로 시작하였다가 이제는 육체로 마치겠느냐"(갈 3:3). 실제로 그들의 섬김은 여전히 육체적으로 드러나는 행위였다. 그들은 육체로 하나님을 섬기는 일에 영향을 주도록 용납할 때 그 즉시 죄에게 문을 열어주는 결과를 초래한다는 사실을 이해하지 못했다.

그래서 사도 바울은 육체의 일이 간음, 살인, 술 취함 같은 중대한 죄뿐 아니라 분쟁과 분냄과 당 짓는 것 등 매일의 삶에서 일상적으로 저지르는 죄에까지 이른다고 말했다. 바울은 간곡히 타일렀다. "너희는 성령을 따라 행하라. 그리하면 육체의 욕심을 이루지 아니하리라. …만일 우리가 성령으로 살면 또한 성령으로 행할지니"(갈 5:16,25). 성령은 새로운 삶의 작가로서뿐 아니라 우리 전 생애의 인도자와 감독으로서 존중받아야 한다. 그렇지 않으면 우리는 여전히 바울이 말한 대로 육체적일 수밖에 없다.

많은 그리스도인이 이 문제를 이해하지 못하고 있다. 그들은 자신이 가진 육체적 본성의 깊은 죄와 불경건을 진정으로 깨닫지 못한 채 무의식적으로 죄를 짓는다. "율법이 육신으로 말미암아 연약하여 할 수 없는 그것을 하나님은 하시나니 곧 죄로 말미암아 자기 아들을 죄 있는 육신의 모양으로 보내어 육신에 죄를 정하사"(롬 8:3). "그리스도 예수의 사람들은 육체와 함께 그 정욕과 탐심을 십자가에 못 박았느니라"(갈 5:24).

이처럼 육체는 개선되거나 성화될 수 없다. "육신의 생각은 하나님과 원수가 되나니 이는 하나님의 법에 굴복하지 아니할 뿐 아니라 할 수도 없음이라"(롬 8:7).

예수 그리스도께서 십자가에서 끝까지 참아내심으로써 육체를 다루셨던 것 외에 우리가 육체를 다룰 수 있는 방도는 없다. 옛 사람은 예수님과 함께 십자가에 못 박혔다. "우리가 알거니와 우리의 옛사람이 예수와 함께 십자가에 못 박힌 것은 죄의 몸이 죽어 다시는 우리가 죄에게 종노릇 하지 아니하려 함이니"(롬 6:6). 그러므로 우리도 믿음으로 육체를 십자가에 못 박고, 날마다 그것을 예수님의 십자가 위에 놓고 마땅한 것으로 여겨야 한다.

때때로 많은 그리스도인이 육체의 깊고도 측량할 수 없는 죄에 관해 진지하게 생각하거나 말한다. "내 속 곧 내 육신에 선한 것이 거하지 아니하는 줄을 아노니 원함은 내게 있으나 선을 행하는 것은 없노라"(롬 7:18).

이 사실을 진정으로 믿는 사람은 외칠 것이다. "내 지체 속에서 한 다른 법이 내 마음의 법과 싸워 내 지체 속에 있는 죄의 법으로 나를 사로잡는 것을 보는도다. 오호라. 나는 곤고한 사람이로다. 이 사망의 몸에서 누가 나를 건져내랴"(롬 7:23-24).

더 나아가 다음과 같이 고백하는 사람은 행복하다. "우리 주 예수 그리스도로 말미암아 하나님께 감사하리로다. 그런즉 내 자신이 마음으로는 하나님의 법을 육신으로는 죄의 법을 섬기노라. …이는 그리스도 예수 안에 있는 생명의 성령의 법이 죄와 사망의 법에서 너를 해방하였음이라"(롬 7:25, 8:2).

우리를 위한 하나님의 은혜를 어찌 이해할 수 있으랴! 육체는 십자가에 달릴 수밖에 없고 우리 마음에 계신 성령만이 삶을 다스리실 수 있다. 우리는 이 영적인 삶을 너무나 막연하게 이해하거나 좇아간다. 그러나 이것은 하나님의 분명한 약속이다. 이 약속은 영적으로 살기 위해 자기 자신을 하나님께 복종시키는 사람들에게서 성취될 것이다.

이제 우리는 이 깊은 악의 뿌리가 기도하지 않는 생활의 원인임을 알게 되었다. 육체도 충분히 기도하고 그 행위 자체가 종교적이라고 말하며 양심을 만족하게 할 수 있다. 그러나 육체는 하나님을 가까이 아는 지식을 좇아 그분과의 교제를 즐거워하며 끊임없이 하나님의 능력을 붙잡으려고 기도에 애쓰고자 하는 열망도, 힘도 없다. 그러므로 결국 육체는 부인되고 못 박혀야 한다.

육체에 속한 그리스도인들은 하나님을 따르려고 하는 의지도, 힘도 없다. 그들은 관습이나 습관적인 기도에 만족하며 안주한다. 그러나 은밀한 기도의 축복인 영광은 어느 날 그의 눈이 떠져서 비로소 하나님께로 돌아가려 하고, 육체가 자신의 능력 있는 기도를 불가능하게 만드는 대적자임을 깨닫기 시작할 때까지 감추어져 있을 것이다.

나는 언젠가 어느 컨퍼런스에서 기도하지 않는 원인으로써 육체의 악함에 관해 매우 강경한 표현을 사용한 적이 있다. 강의가 끝난 후에 한 사모가 다가와 내가 대단히 지나치게 말했다고 생각한다 했다. 그러나 그녀 역시 결국에는 기도의 열망이 너무나 적었던 것을 애통해하며 울어야 했고, 이후에 진심으로 하나님을 구하는 데 마음을 쏟게 되었다.

나는 그녀에게 하나님이 육체와 관련해 무엇이라고 말씀하시는지 가르쳐주었다. 또한 성령을 받아들이지 못하게 막는 모든 것이 이 육체의 은밀한 작용임을 가르쳐주었다. 아담은 하나님과 교제를 할 수 있도록 창조되었고 타락하기 전까지 이를 누렸다. 그러나 원죄를 범한 즉시 하나님에 대한 반감이 깊게 자리 잡았고 그로 인해 하나님으로부터 멀리 달아났다. 이 회복할 수 없는 반감이야말로 회개하지 않는 인간의 본성이자 우리가 하나님과 교제하기 위해 기도로 자기 자신을 굴복시키려고 하지 않는 주된 원인이다.

이튿날, 그녀는 내게 하나님이 자신의 눈을 열어주셨다고 말했다. 그녀는 육체의 반감과 내키지 않음이 자신의 기도생활을 약화시킨 숨은 방해물이라고 고백했다.

우리가 애통히 여기는 기도하지 않음의 원인을 환경에서 찾지 말자. 하나님의 말씀이 뭐라고 하는지를 찾자. 기도하지 않는 이유는 거룩한 하나님에 대한 우리의 숨은 적개심에 있다. 그리스도인이 성령의 인도하심에 온전히 이끌리지 않을 때(성령께 굴복하는 것은 단연코 하나님의 뜻과 그분의 은혜로 말미암는 것이다) 자신도 모르게 육체의 권세 아래에서 살게 된다. 육체적인 삶은 여러 모습으로 자신을 드러낸다.

- 감정이 성급해지거나 마음속에서 생각지도 않게 분노가

일어난다.

- 사랑이 부족해지고 자신도 종종 그런 자신을 비난한다.
- 먹고 마시는 데에서 기쁨을 얻게 되고, 이따금 자신의 양심
  이 자신을 꾸짖는다.
- 자신의 의지와 명예를 구하고, 자신의 지혜와 힘에 자신감
  을 느끼고, 이 세상의 기쁨을 구하며, 때때로 하나님 앞에
  서 부끄러움을 느낀다.

이 모든 것은 육체를 좇는, 아직도 육신에 속한 자의 삶이다. "너
희는 아직도 육신에 속한 자로다. 너희 가운데 시기와 분쟁이 있으
니 어찌 육신에 속하여 사람을 따라 행함이 아니리요"(고전 3:3).
아마도 이 구절은 이따금 당신을 괴롭힐 것이다. 당신은 하나님 안
에서 온전한 기쁨과 평화를 누리지 못할 것이다.

이제 기도하지 않고, 문제에 어떤 영향도 미치지 못하는 무력함
의 이유를 찾았는가? 이 질문에 관한 답을 곰곰이 생각해보라. 나는
성령 안에서 살고 거듭났지만 성령으로 살지 않고 육체가 나의 위
에 군림한다. "하나님, 저를 용서하소서!" 육체적인 삶은 명백히 이
슬프고도 부끄러운 기도하지 않음이 원인이다.

전장의
한가운데서

　　하나님의 나라와 어둠의 세력 사이의 거대한 싸움과 관련해 자주 사용되는 '전략적 요충지'라는 표현에 관한 컨퍼런스에서 다음과 같은 고찰이 이루어졌다.

　장군이 적을 물리치기 위해 장소를 선택할 때 그 싸움에서 가장 중요하다고 생각하는 지점에 최고의 주의를 기울일 것이다. 예를 들면 웰링턴 장군은 워털루의 전장에서 한 농가를 보고 즉시 그곳이 모든 상황의 열쇠라고 판단했다. 그는 그 장소를 점령하기 위해 자신의 부대를 아끼지 않았다. 승리가 달려 있었기 때문이다. 그리고 마침내 승리를 얻었다. 이것은 그리스도인들과 어둠의 세력 간의 싸움에서도 마찬가지다. 은밀한 기도의 장소야말로 결정적인 승리를 획득할 수 있는 전략적 요충지이다.

　사탄은 그리스도인들, 무엇보다 목회자들이 기도하지 않도록 꾀기 위해 모든 힘을 사용한다. 사탄은 설교가 얼마나 감탄할 만하든, 예배가 얼마나 마음에 와 닿든, 목회 비전이 얼마나 믿을 만하든 간에 기도가 무시되는 한 이 가운데 어떤 것도 자기와 자기 나라를 해치지 못한다는 사실을 알고 있다. 교회가 기도의 골방에 들어가 문을 닫고, 그리스도의 군사가 '하늘로부터의 권세'를 자신의 무릎 위로 받는다면 어둠의 세력은 흔들리고 영혼들은 구원받을 것이다.

교회나 사역현장에서, 목회자나 성도들에게서 모든 것은 기도의 힘을 신실하게 행사하는 것에 달려 있다.

한번은 〈크리스천〉(The Christian) 지에서 다음과 같은 글을 발견했다.

"두 사람이 한 가지 목적으로 싸운다. 우리는 그들을 그리스도인과 아볼루온이라고 부른다. 아볼루온은 그리스도인이 승리할 수 있는 강력한 한 가지 무기를 소유했음을 알고 있다. 아볼루온은 죽기 직전까지 싸우는데, 적에게서 그 무기를 빼앗을 수 있는 해결책을 찾아내고 그것을 파괴하려고 한다. 그 순간부터 싸움의 주원인은 부수적인 게 되었다. 이제 더 중요한 목적이 생겼다. 누가 승패가 달린 그 무기를 소유할 것인가? 그것을 취하는 일이 치명적으로 중요해졌다."

그렇다. 이것은 사탄과 그리스도인 사이의 갈등이다. 하나님의 자녀는 기도로 모든 것을 정복할 수 있다. 그러므로 사탄이 그리스도인에게서 그 무기를 빼앗아 가거나 그것을 사용하지 못하도록 방해하는 데 전력을 다하는 게 당연하지 않은가!

사탄은 어떻게 기도를 방해하는가? 기도를 미루거나 짧게 단축함으로써, 이런저런 생각을 불러일으킨다거나 온갖 산만함으로, 혹은 불신이나 절망으로 방해한다. 그러나 기도의 무기를 재빨리 붙들고 사용하는 것에 주의를 기울이는 기도의 영웅은 행복하다. 겟세마네 동산에서의 우리 주님처럼 원수가 격렬하게 우리를 공격하면 할수록 더욱 간절히 기도하고 승리를 얻을 때까지 기도를 쉬지 말아야 한다.

그래서 바울은 "모든 기도와 간구를 하되 항상 성령 안에서 기도하고 이를 위하여 깨어 구하기를 항상 힘쓰며 여러 성도를 위하여 구하라"(엡 6:18)고 강조했다. 그렇다. 기도 없는 구원의 투구, 믿음의 방패, 하나님의 말씀인 성령의 검은 힘이 없다. 모든 것이 기도에 달려 있다. 하나님은 우리에게 이것을 믿고 재빨리 붙들라고 가르치신다.

기도하지 않는 죄에서 벗어나라

그리스도인이 기도하지 않는 죄를 깨닫자마자 가장 먼저 생각하는 것은 승리를 얻기 위해 하나님의 도우심으로 싸워야겠다는 것이다. 그러나 슬프게도 그는 곧 이 싸움이 별 소용이 없음을 깨닫는다. 낙심이 그를 덮는다. 기도에 계속 충실할 수 없다.

지난 몇 년간 기도를 주제로 한 여러 컨퍼런스에서 많은 목회자가 하나같이 그렇게 엄격한 삶에 도달하는 것은 불가능하다고 공공연히 말했다. 최근에 나는 능력 있고 헌신적인 사역으로 잘 알려진 어떤 목회자로부터 한 통의 편지를 받았다.

그는 이렇게 썼다. "저의 생각에는 기도생활이나 자기 자신을 위해서 모든 전력을 다해 노력하는 것이나, 그러기 위해 우리에게 요구되는 모든 시간과 고생과 끊임없는 수고에 관해 많은 정보를 듣는다고 도움이 되는 것 같지는 않습니다. 그런 것들은 저를 낙담하게 할 뿐입니다. 그런 이야기를 수없이 많이 들었음에도 말입니다. 시시때때로 저는 그것들을 시도해 보았습니다. 그러나 결과는 슬프도록 항상 실망스러웠습니다. '당신은 더 많이 기도해야 하며 자기 자신을 좀 더 살펴보고 이를 바탕으로 더욱 열심 있는 그리스도인이 되어야 한다.' 이제 이런 말들은 제게 도움이 되지 않습니다."

그를 위한 나의 답장은 이랬다. "저는 컨퍼런스에서나 여타 다른 장소에서 제가 했던 말들을 생각해 보았습니다. 저는 노력이나 분투라는 단어를 언급한 적이 없습니다. 왜냐하면 우리가 먼저 단순한 믿음을 가지고 그리스도와 함께 사는 법을 배우기 전까지 우리의 모든 수고가 무익함을 전적으로 확신하기 때문입니다."

답장을 받은 그는 이렇게 반응했다. "제가 원했던 메시지가 바로 이것입니다. '당신과 당신의 살아계신 구주와의 관계가 어떠해야 할지 생각해보라. 그분의 임재 안에서 살고 그분의 사랑을 즐거워하며 그분 안에서 쉬라.' 바로 이 단순한 진리를 듣고 싶은 것이었습니다." 이 말이 바르게 이해된다면 그 이상의 메시지는 없을 것이다. 이것이야말로 우리로 하여금 기도하는 삶을 가능하게 한다.

기도하지 않는
죄와 싸우기

기도하지 않는 죄가 우리에게 영향력을 행사하고 있을 때나, 우리가 전 교회와 함께 자기 자신과 교회와 사역을 위해 기도해야 함에도 연약해서 기도하지 않고 있는 자신을 불평하고 있는 동안에 예수님과 관계가 있다는 생각으로 자신을 위로해서는 안 된다. 그러나 예수 그리스도와의 올바른 관계를 위해 다른 무엇보다 하나님의 뜻에 따라 열망과 힘을 갖고 기도하는 것을 먼저 생각한다면 우리는 주 안에서 즐거워하고 주 안에서 쉴 수 있는 권리를 가질 수 있다.

앞의 편지는 자기 노력의 결과가 얼마나 자연스럽게 우리를 낙담시키고 개선이나 승리의 모든 희망을 차단할 수 있는지 지적해준다. 사실 앞의 상황은 우리가 기도의 사명자로서 기도를 계속하도록 요구받을 때 많은 그리스도인이 처할 수 있는 상황이다. 그들은 끊임없이 기도하는 것은 자기 수준 이상의 무엇으로써 스스로 기도하기 위해 요구되는 헌신이나 성화에는 능력이 없다 생각하고, 결국 노력이나 수고에서 뒤로 물러선 채 슬퍼한다. 그들은 육체의 힘으로 육체를 정복하려고 애쓰지만 이는 전적으로 불가능한 일이다. 그들은 바알세불로써 바알세불을 쫓아내려고 노력하지만 이런 일은 절대 일어나지 않는다. 육체와 사탄을 정복할 수 있는 자는 오직 예수 그리스도뿐이다.

우리는 실망과 낙심을 초래할 수밖에 없는 인간적인 분투를 살펴보았다. 이는 자기 자신의 힘으로 만들어낸 노력이다. 그러나 여기 확실히 승리를 가져다주는 또 다른 노력이 있다. 성경은 '믿음의 선한 싸움'을 말한다. 이 싸움은 믿음으로 말미암고 믿음으로 수행된다. 우리는 믿음에 관한 올바른 개념을 가지고 이 믿음에 굳게 서야 한다. 예수 그리스도는 믿음의 영원한 창시자요 완성자이시다. 우리가 그분과 올바른 관계에 들어가면 그분이 부여해주시는 도움과 힘을 확신할 수 있다.

우리는 같은 열심을 갖고 먼저 이렇게 말해야 한다. "당신의 힘으로 싸우려고 하지 말라. 자기 자신을 주 예수 그리스도의 발 앞에 던지고 그분이 당신과 함께 계시며 당신 속에서 일하신다는 확신 가운데 그분을 바라보라." 또한 "기도에 힘쓰라"고 말해야 한다. 믿음이 마음속에 가득하게 하라. 그러면 당신은 그분의 능력의 힘으로 주 안에서 강해질 것이다.

이 원리를 이해하는 데 도움을 줄 한 예화가 있다.

어떤 독실한 그리스도인 여성이 열정을 가지고 큰 규모의 성경공부반을 성공적으로 이끌고 있었다. 그런데 하루는 걱정스러운 얼굴로 담임목사를 찾아갔다. 그녀는 처음에는 개인적인 기도시간에 구주와 그분의 말씀과 더불어 교제하는 축복을 누렸는데, 점차 이 축복을 잃어버렸고, 어떻게 해야 다시 그때로 돌아갈 수 있는지 모르겠다고 했다. 주님이 그녀의 사역을 축복하셨지만 그녀의 삶에서 하나님과의 교제의 기쁨은 사라졌다. 담임목사는 그녀에게 잃어버린 축복을 되찾기 위해 어떻게 했는지 물어보았다. 그녀는 "제가 생각할 수 있는 모든 일을 했어요. 하지만 모두 헛수고였어요"라고 대답했다.

담임목사는 다시 그녀에게 하나님과의 교제와 관련해서 어떤 경험을 했는지 물었다. 그녀는 즉각적으로 분명히 대답했다.

"처음에 저는 더 나아지고 죄에서 자유로워지기 위한 시도로 어떤 수고도 아끼지 않았어요. 그렇지만 모두 헛수고였습니다. 마침내 저는 모든 노력을 제쳐놓고 단순히 주 예수님을 믿고 제게 그분의 생명과 평안을 주시기를 바랐어요. 그리고 주님은 그것을 이루어주셨어요."

담임목사가 반문했다.

"그런데 왜 다시 그렇게 하지 않지요? 기도하러 가서 당신의 마음이 얼마나 차갑고 어둡든 간에 자신의 힘으로 올바른 관계로 돌아오기 위해 애쓰지 마세요. 그분 앞에 절하고 하나님께서 당신이 얼마나 비참한 상태인지 보게 하시고, 당신의 희망은 오직 하나님이심을 알게 하세요. 당신에게 자비를 내리시도록 어린아이 같은 마음으로 그분을 믿고 그분을 기다리세요. 이런 믿음만으로도 당신은 하나님과 올바른 관계로 돌아올 수 있습니다. 당신은 아무것도 없고 하나님은 모든 것을 가지고 계십니다."

그로부터 얼마 뒤, 그녀는 담임목사에게 그의 충고가 도움이 되었다고 말했다. 마침내 그녀는 주 예수 그리스도의 사랑 안에 있는 믿음이 기도를 통해 하나님과 사귀는 유일한 방법임을 깨달았다.

당신도 이제 두 가지 종류의 싸움이 있음을 알게 되었는가? 첫 번째 싸움은 우리가 기도하지 않음을 자신의 힘으로 극복하려는 것이다. 이 경우 나의 충고는 다음과 같다. "당신의 쉼 없는 노력을 포기하십시오. 주 예수 앞에 무력하게 기대십시오. 그분이 말씀하시고 당신의 영혼은 다시 살 것입니다."

당신이 이 충고를 따랐다면 두 번째 메시지를 받으라. "이것은 시작에 불과합니다. 더욱 깊은 열심을 가지고 당신의 모든 힘을 사용해 온 마음을 다해 깨어 있고 어떤 퇴보의 움직임이라도 잡아내십시오. 무엇보다도 헌신된 삶에 굴복하는 것이 필요합니다. 그러면 하나님이 우리를 보시고 우리를 위한 모든 일을 이루실 것입니다."

기도하지 않는 죄에서
해방되기

기도하지 않는 죄를 극복하기 위해 노력하는 길에서 만나는 가장 큰 장애물은 기도하지 않는 죄에서 해방되는 축복을 얻을 수 없다고 느끼는 은밀한 감정이다. 우리는 그동안 여러 번 노력했지만 매번 헛수고였다. 옛 습관과 육체의 힘, 우리 주변 육체의 관심을 끄는 환경들은 우리에게 너무도 강적이다. 자신의 마음이 스스로 이것이 능력 밖이라고 확신시키는 데 노력해보았자 무슨 소용이 있겠는가? 전 삶에 걸쳐 나타나야 하는 변화는 너무나 크고 어렵다.

만약 "변화되는 게 가능할까?"라는 질문을 받는다면 우리의 마음은 탄식하며 말할 것이다. "슬프도다. 나에게 그것은 완전히 불가능할 뿐!" 왜 이런 대답이 나올 수밖에 없는지 아는가? 그것은 당신이 기도에 관한 소명을 단순히 모세의 목소리로, 율법의 명령으로 들었기 때문이다. 모세와 그의 율법은 결코 누구에게도 순종하는 힘을 부여하지 못한다.

당신은 진실로 기도하지 않는 삶에서 해방되는 것이 가능하며, 현실로 다가올 것이라고 믿을 수 있는 용기를 갖기를 바라는가? 그러면 당신은 예수 그리스도 안에 있는 구속으로 말미암아 이미 해방되었으며, 이는 하나님이 친히 그리스도를 통해 당신에게 전해주실 새 언약의 축복 가운데 하나라는 위대한 가르침을 깨달아야 할 것이다.

당신이 이것을 이해하기 시작할 때 "쉬지 말고 기도하라"는 권고가 새로운 의미를 담고 있음을 알게 될 것이다. 마음에 희망이 솟아오르기 시작하고, 당신이 "아빠 아버지"라고 부를 수 있도록 해주신 성령이 당신에게 진정한 기도의 삶이 가능하게 하실 것이다. 그러면 당신은 낙심된 마음이 아니라 희망의 기쁨으로 회개하도록 이끄시는 목소리에 귀 기울이게 될 것이다.

많은 사람이 기도생활이 너무도 형편없다는 쓰디쓴 자기 비난의 목소리를 누르고 기도의 자리로 돌아가 미래를 위해 다른 태도로 살겠다고 결단했다. 그러나 여전히 어떤 축복도 임하지 않았다. 그들의 눈이 예수 그리스도께 집중되지 않았기 때문이다. 그들은 계속 기도에 충실할 힘이 없었고 회개의 목소리에도 힘이 없었다. 그들이 이 사실을 깨닫기만 했어도 다음과 같이 고백했을 것이다.

"주여, 당신은 저의 마음이 얼마나 차갑고 어두운지 아십니다. 저도 기도해야 한다는 것을 알지만 그렇게 할 수 없음을 느낍니다. 저는 기도에 갈급함이나 열정이 부족합니다."

그들은 그 순간 예수님이 부드러운 사랑의 눈으로 자신을 바라보고 이렇게 말씀하실 것을 모른다.

"네가 기도할 수 없구나. 너는 모든 것이 차갑고 어둡다고 느끼고 있어. 왜 너 자신을 나의 손에 맡기지 않느냐? 나는 네가 기도하도록 도울 준비가 되었다는 걸 믿기만 하거라. 나는 나의 사랑을 너의 마음에 부어주어 네가 너의 약함을 깨닫는 가운데 나에게 부담 없이 기대어 기도의 은혜를 기다리기를 간절히 바라고 있단다. 내가 너의 다른 모든 죄를 씻어주는 것같이 너를 기도하지 않는 죄에서 구원할 것이다. 네가 자신의 힘으로 승리를 얻으려고 애쓰지만 않는다면 말이다. 구원자에게 모든 것을 기대하는 사람처럼 내 앞에 엎드리라. 너의 상황이 아무리 슬프더라도 너의 영혼이 내 앞에서 잠잠하게 하라. 내가 너에게 기도하는 법을 가르쳐줄 것을 확신하라."

그때 많은 사람은 인정할 것이다.

"저는 저의 잘못을 압니다. 예수 그리스도께서 기도하지 않는 죄도 깨끗이 씻어주시고 구원해주실 것으로 생각하지 않았습니다. 제가 기도할 때 항상 저와 함께 계시며 제가 얼마나 죄책감에 사로잡혀 있든 상관없이 그 큰 사랑으로 저를 지키고 복을 주시려고 하신다는 것을 이해하지 못했습니다. 주님이 기도의 응답으로 모든 다른 은혜를 주시는 것처럼 무엇보다 먼저 기도하고자 하는 마음의 은혜를 주심을 생각하지 못했습니다. 모든 다른 은혜가 주님께로부터 오지만 만사가 달린 기도만은 인간의 노력으로 얻어야 한다는 생각은 얼마나 어리석은지요! 하나님께 감사합니다. 저는 이제 예수 그리스도께서 친히 저의 기도의 골방에 계셔서 제가 하나님께 가까이 가도록 가르치는 책임감을 가지고 저를 바라보신다는 사실을 이해하기 시작했습니다. 그분이 요구하시는 것은 오직 제가 어린아이 같은 믿음을 가지고 그분을 기다리고 그분께 영광을 올려드리는 것뿐입니다."

우리가 이 진리를 잊었는가? 불완전한 영적생활로부터는 불완전한 기도생활 외에 더 기대할 것이 없다. 우리가 불완전한 영적생활을 하면서 기도를 더 많이, 더 잘하려고 노력한들 아무 유익이 없다. 그것은 완전히 불가능하다. 무엇보다 우리가 "그런즉 누구든지 그리스도 안에 있으면 새로운 피조물이라. 이전 것은 지나갔으니 보라. 새 것이 되었도다"(고후 5:17)라는 말씀을 경험하는 것이 중요하다. 이는 예수 그리스도 안에 있는 것이 어떤 것인지 이해하고 경험하는 사람에게 문자 그대로 사실이 된다.

우리와 주 예수 그리스도의 모든 관계는 새 것이 되어야 한다. 나와 매 순간 연합하고, 그분과의 관계를 지속하기를 바라시는 예수님의 무한한 사랑을 믿어야 한다. 나는 모든 죄를 정복하고 나를 분명히 죄에서 지켜주실 그분의 권능을 믿어야 한다. 나는 성령을 통해 위대한 중보자로서의 역할을 담당하는 예수 그리스도께서 그분 몸의 각 지체와 기도로써 하나님과 연합하는 기쁨과 힘을 느끼게 하실 것을 믿어야 한다. 나의 기도생활은 전적으로 그리스도와 그분 사랑의 통제 아래 있어야 한다. 그러면 처음으로 기도가 하늘의 공기를 들이마시고 내쉬게 하는 말 그대로 자연스럽고 즐거운 영적 호흡이 될 것이다.

우리가 이 믿음을 소유할 때 하나님을 기쁘시게 해드릴 기도생활의 사명이 즐거운 사명이 될 것이다. 그러면 "기도하지 않는 죄를 회개하라"는 외침에 무기력한 한숨으로나 육체적으로 꺼리는 마음으로 응답하지 않을 것이다. 아버지의 음성은 마치 그분이 우리 앞에 넓게 문을 열어두시고 그분과 함께하는 축복된 교제를 이루도록 부르시는 것처럼 들릴 것이다. 기도하기 위해 성령의 도움을 의지하면 기도는 더 이상 우리 힘에 너무 벅찬 큰 수고라는 두려움으로 받아들여지지 않을 것이다. 대신 단지 약한 모습 그대로 주 예수 그리스도의 발 앞에 쓰러져서 승리는 주님의 지지로부터 흘러나오는 힘과 사랑을 통해 얻어진다는 사실을 깨닫게 될 것이다.

아마도 다음과 같은 질문이 우리 마음속에 떠오를 것이다. "이 상태가 지속될 것인가?" 두려움이 뒤따른다. "정말 여러 번 노력했지만 실망뿐이었음을 잘 알잖아." 그러나 이제 당신이 무엇을 할 것인지가 아니라 당신을 도우시고 그분을 바라는 자들은 수치를 당하지 않을 것을 확신시켜주시는 그리스도의 변함없이 신실한 사랑 안에서 믿음은 힘을 얻을 것이다.

만약 아직도 당신 안에 두려움과 주저함이 있다면, 나는 당신을 위해 예수 그리스도 안에 있는 하나님의 자비와 그분의 형용할 수 없이 신실하고 온화한 사랑으로 당신 스스로 그분의 발 앞에 과감히 내던지라고 기도할 것이다. 당신은 기도하지 않는 죄에서 해방되었음을 전심으로 믿기만 하라. "만일 우리가 우리 죄를 자백하면 그는 미쁘시고 의로우사 우리 죄를 사하시며 우리를 모든 불의에서 깨끗하게 하실 것이요"(요일 1:9). 우리는 주님의 보혈과 은혜로 모든 불의와 모든 기도하지 않음의 죄에서 완전히 해방되었다. 주님의 이름이 영원히 찬양받으리라!

죄를 이기고
기도생활을 지속하기

기도하지 않는 죄로부터 해방됨에 관해 우리가 이야기해 온 모든 것은 다음 질문의 답에도 적용된다. "기도하지 않는 죄로부터 자유를 어떻게 지속할 것인가?" 우리에게 구원은 조금씩 인정되거나 이따금 사용할 수 있는 뭔가가 아니다. 구원은 주님 안에 가득 축적된 은혜의 충만함으로 주어졌으며 우리가 매일 주님과 새로운 교제를 즐기게 하는 것이다. 이 위대한 진리는 내가 다시 한번 언급할 필요를 느낄 만큼 우리의 마음에 새겨지고 생각 속에 고정되어야 할 필요가 있다. 주님과 날마다 친밀한 사귐을 갖는 것 외에 그무엇도 당신을 소홀한 기도생활로부터 지켜주거나 능력 있는 기도의 삶을 지속하게 할 수 없다.

우리 주 예수님은 제자들에게 말씀하셨다. "너희는 마음에 근심하지 말라. 하나님을 믿으니 또 나를 믿으라. …내가 아버지 안에 거하고 아버지께서 내 안에 계심을 믿으라. 그렇지 못하겠거든 행하는 그 일로 말미암아 나를 믿으라. 내가 진실로 진실로 너희에게 이르노니 나를 믿는 자는 내가 하는 일을 그도 할 것이요 또한 그보다 큰일도 하리니 이는 내가 아버지께로 감이라"(요 14:1,11-12).

주님은 제자들에게 구약에서 하나님의 권능과 거룩함과 사랑에 관해 배운 모든 게 이제 자신에게 전가되어야 함을 가르치길 원하셨다. 제자들은 단순히 글로 쓰여진 문서를 믿는 것이 아니라 예수님을 인격적으로 믿어야 했다. 그들은 예수님이 아버지 안에 계시며, 아버지가 그들 안에 계심으로 둘이 한 생명, 한 영광을 가지고 있다는 개념을 믿어야 했다. 제자들이 그리스도에 관해 아는 모든 것은 하나님 안에서 발견할 수 있다. 제자들이 주님이 하셨던 일을 하고 더 큰일도 할 수 있는 것은 오직 주님의 신적인 영광을 믿는 믿음을 통해서만 가능하므로 예수님은 이 점을 매우 강조하셨다. 이 믿음은 제자들이 그리스도와 아버지가 하나이듯 그들이 그리스도 안에 있고 그리스도께서 그들 안에 계신다는 깨달음에 이르게 했다.

이 깨달음은 우리의 삶, 특히 기도의 삶 속에서도 친밀하고 영적이며 인격적이고 중단 없는 주 예수와의 교제로 강력하게 나타나야 한다. 그렇다면 하나님의 모든 영광스러운 속성이 우리 주 예수 그리스도 안에 있다는 말씀의 의미는 무엇인가?

첫째, 하나님의 무소부재하심을 나타낸다. 하나님은 온 세상에 충만하시고 모든 순간에 만물 안에 나타나신다. 우리 주 예수님은 성부 하나님과 같이 어디에나 계시며, 특별히 그분이 구속한 사람들과 함께하신다. 이것은 우리가 믿음으로 깨달아야 할 가장 위대하고 중요한 가르침 가운데 하나이다. 우리는 제자들의 예를 통해 이를 분명히 이해할 수 있다. 예수님과 항상 교제를 나누었던 제자들에게 특히 우선시되었던 것은 무엇인가? 그것은 주님과 함께하는 즐거움을 영원히 느끼는 것이다.

바로 이 때문에 제자들은 예수님의 죽으심을 생각할 때 극도로 슬퍼했다. 그들은 주님의 임재를 빼앗기게 되었다. 더는 예수님이 함께 계시지 않는다. 이런 상황에서 주님은 제자들을 어떻게 위로 하셨는가? 그분은 하늘로부터 성령이 임해 제자들 안에서 역사하심으로 그분의 생명과 인격적인 임재를 충만히 느낄 수 있을 것을 약속하셨다. 그 결과 제자들은 예수님이 이 땅 위에 계실 때 그들이 경험했던 것보다 더욱 친밀하고 영속적인 교제를 나누게 되었다.

이 위대한 약속은 이제 모든 믿는 자의 유산임에도 불구하고 많은 사람이 이것을 잘 알지 못한다. 하나님이신 예수님도 자신을 십자가까지 이끈 그 영원한 사랑으로 매일 모든 순간에 우리와 교제하기를 원하시며, 우리와 그 교제의 즐거움을 유지하려고 하신다. 이것은 새로 회심한 모든 자에게도 설명되어야 한다. "주님은 당신을 매우 사랑하시며 당신이 그분의 사랑을 쉼 없이 경험하도록 당신에게 가까이 계시고자 합니다." 기도와 순종, 거룩한 삶을 살기에 자신이 너무 나약하다고 느낀 신자라면 누구나 이 사실을 알아야한다. 이 사실만이 우리로 하여금 이 세상을 정복하고 주님을 위해이 세상의 영혼들을 구해내는 중재자의 권능을 갖게 할 것이다.

둘째, 하나님의 전지전능하심을 나타낸다. 하나님의 능력은 얼마나 놀라운가! 우리는 천지창조와 구약성경에 기록된 구속의 여러 이적에서 그 능력을 본다. 우리는 성부 하나님이 내주하시는 그리스도의 놀라운 사역에서, 무엇보다 그분의 부활에서 그 능력을 본다. 우리는 아버지를 믿는 것같이 아들을 믿도록 부름받았다.

그렇다. 형용할 수 없는 사랑으로 우리와 함께 계신 예수님은 불가능한 것이 없는 전능하신 하나님이시다. 그분은 우리의 마음이나 육체, 우리에게 굴복하지 않는 그 어떤 것도 정복하실 수 있고, 그렇게 하실 것이다. 전능하신 예수님은 하나님의 말씀 안에 약속된 모든 것과 신약의 약속의 자녀로서 우리가 받게 될 모든 유산을 우리에게 가득 채워주실 수 있다. 기도의 골방에서 그분 앞에 엎드리면 우리는 영원하고 변함없는 하나님의 권능과 접촉할 수 있다. 우리가 자신을 주 예수님께 맡긴 날에는 그분의 변함없이 전능하신 능력이 우리를 보호하고 모든 것을 이루어주심을 확신하는 가운데 쉴 수 있다.

우리가 기도의 은밀한 자리를 위해 시간을 내기만 해도 그 전능하신 주님의 임재를 충분히 경험할 수 있다. 무소부재하고 전지전능하신 주님과 중단 없는 사귐, 믿음을 통해 우리에게 주어진 복이 얼마나 큰가!

셋째, 하나님의 거룩한 사랑을 나타낸다. 이것은 하나님이 그분의 완전한 사랑으로 자신의 신적 속성을 우리의 유익을 위해 공급하시고 자신까지 우리에게 주시려고 한다는 의미이다. 그리스도는 하나님 사랑의 계시이다. 그 사랑의 선물인 성자 예수님은 저항할 수 없는 사랑의 증거를 보여주시기 위해 십자가를 참아내셨고, 우리로 하여금 그 사랑을 믿지 않는 것이 불가능하게 하셨다. 이 예수님이 우리를 만나기 위해 우리의 기도 골방에 오신다. 그곳에서 주님은 우리와 깨지지 않는 관계가 우리의 유산이라는 확신을 주신다. 그 확신을 통해 우리는 주님과 교제를 경험한다. 이처럼 죄를 정복하고 죄의 권세를 무마하기 위해 모든 것을 거룩하게 하신 하나님의 거룩한 사랑이 우리를 모든 죄에서 구해주시려고 우리에게 다가오신다.

주님의 말씀을 다시 숙고해보라. "하나님을 믿으니 또 나를 믿으라." "내가 아버지 안에 거하고 아버지께서 내 안에 계심을 믿으라. 너희가 내 안에, 내가 너희 안에 있는 것을 너희가 알리라." 이 말씀은 기도생활의 비밀이다. 이제 기도의 골방에서 엎드려 경배할 시간을 마련하라. 하나님이 스스로 나타내시고, 당신을 소유하시며, 어떻게 하면 보이지 않는 주와 교제를 계속하는 가운데 인생의 걸음을 걸어갈 수 있는지 가르쳐주실 때까지 그분을 기다리라.

진실로 당신은 기도하지 않는 죄로부터 항상 해방되는 방법을 알기 바라는가? 이 자리에서 그 비밀을 소유할 수 있다. 하나님의 아들을 믿으라. 그리고 당신의 기도 골방에서 그분이 영원히 존재하는 친밀함을 가지고 그분을 영원하고 전능하신 하나님으로, 당신을 보살피는 영원한 사랑으로 나타내시도록 주님께 시간을 드리라. 그러면 전에 알지 못했던 하나님이 그분을 사랑하는 자들을 위해 하실 수 있는 일들을 마음속에 깨닫는 경험을 하게 될 것이다.

P·A·R·T·2

지금 있는 그곳에서
기도하라

01
The Prayer Life _ Part 2

기도는 완전한 기쁨을
누리게 한다

이제 우리가 기도하지 않는 죄로부터 해방되었으며 어떻게 그 상태
를 지속할 수 있는지를 알았다면 그 자유의 열매는 무엇인가? 이 열
매를 아는 사람은 늘 새로운 열심과 인내로 이 자유를 계속 유지하
려고 노력할 것이다. 그의 삶과 경험은 그가 참으로 말로 다 형용할
수 없을 만한 가치를 소유했다는 증거가 될 것이다. 그는 승리가 가
져오는 축복의 산증인이 될 것이다. 그렇다면 승리를 부르는 기도
의 축복은 무엇일까?

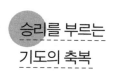

승리를 부르는
기도의 축복

첫째, 하나님과 끊임없는 교제를 통한 행복이다. 예전에 우리의 삶에 나타난 특징이었던 비난과 자기 경멸을 대신할 하나님에 대한 신뢰를 생각하라. 하나님의 엄청난 은혜가 우리 안에 영향을 미쳐 우리가 진정 그분의 형상을 지니고 있으며, 하나님과 연합한 삶을 살기에 적합하고, 그분을 영화롭게 하도록 창조되었다는 것을 우리의 깊은 의식 속에서 깨닫게 되었다는 사실을 생각하라.

우리가 무가치하다는 것을 잘 알고 있음에도 불구하고 어떻게 왕의 참된 자녀로서 아버지와 교제하며, 예수님이 이 땅에서 아버지와 나누셨던 그 거룩한 교제의 모습을 나타낼 수 있게 되었는지 생각해보라. 기도의 방에서 보내는 시간이 어떻게 우리의 일상에서 가장 행복한 시간이 될 수 있었으며, 어떻게 하나님이 그분의 계획을 이행하시는 일을 우리와 함께 나누고, 우리로 하여금 우리를 둘러싼 세상을 위한 축복의 원천으로 만드시는지 생각해보라.

둘째, 부르심을 받은 사역을 위해 사용할 수 있는 권능이다. 설교자는 성령의 능력을 통해 하나님으로부터 자신이 전할 메시지를 전해받고, 같은 능력으로 회중에게 그 메시지를 전달하는 방법을 배울 것이다. 또한 그는 자신이 누구로부터 사랑과 열정을 공급받아 능력을 갖추어야 하고, 심방할 때 애정이 깃든 동정심으로 각 성도를 만나 도와줄 수 있는지 잘 알게 될 것이다.

그는 바울처럼 말할 수 있을 것이다. "내게 능력 주시는 자 안에서 내가 모든 것을 할 수 있느니라"(빌 4:13). "그리스도를 대신하여 간청하노니 너희는 하나님과 화목하라"(고후 5:20). 이것은 헛된 꿈이나 어리석은 공상이 아니다. 하나님은 한 가지 실례로서 우리에게 바울을 보여주시고, 비록 우리가 은사나 사명이 그와 다르다 할지라도 영적으로 바울을 능하게 한 그 은혜 안에서 우리도 충분히 모든 것을 할 수 있음을 알게 하셨다.

셋째, 미래를 위해 우리 앞에 펼쳐진 소망이다. 이것은 온 교회와 세상의 필요에 마음을 쏟는 위대한 사역을 위한 중보자로서의 역할에 헌신하는 것이다. 바울은 사람들을 일깨워서 모든 성도를 위해 기도할 것을 구했으며, 아직 그의 얼굴을 보지 못한 자들에 대한 안타까움을 보여주었다. 그는 한 인간으로서 사람들에게 나타나는 데 있어 시간과 공간이라는 조건의 제약을 받았지만, 성령으로는 아직 그리스도를 들어보지 못한 여러 곳의 사람들을 축복하기 위해 주님의 이름으로 기도할 수 있는 능력이 있었다.

그는 멀든 가깝든 이 땅 위의 사람들과 관계하는 삶과 함께 또 다른 삶, 즉 끊임없이 이어온 기도로 말미암아 사랑과 놀라운 능력이 나타나는 천국의 삶을 살았다. 만약 우리가 기도하지 않는 죄에서 자유를 얻고, 하늘나라에 다다를 만한 담대한 기도를 하기만 하면 하나님이 어떤 능력을 주시고, 예수 그리스도의 전능하신 이름으로 어떤 축복이 올지 상상조차 할 수 없을 것이다.

이 얼마나 큰 소망인가! 하나님의 은혜로 사역자와 성도들이 기도하기 시작하고, 이전보다 두 배나 큰 믿음과 기쁨으로 두 배나 더 강하게 말한다면 그때 설교가, 기도 모임이, 다른 사람과의 교제가 얼마나 달라지겠는가! 기도의 방에 얼마나 거룩한 능력이 임하고, 그리스도 안에서 하나님과 그분의 사랑과 연합함으로써 얼마나 거룩하게 될 것인가! 이 영향력이 교회와 세상 가운데 얼마나 위대하게 느껴질 것인가! 하나님이 그분의 교회를 위해 전 세계를 통해 우리를 어떻게 사용하실지 누가 아는가! 많은 수치심을 가져왔던 기도하지 않음에 맞서, 모든 것을 희생하고서라도 하나님께 진정 완전한 승리를 끊임없이 가져다주시기를 간청하는 것이 참으로 가치 있지 않은가!

내가 왜 이 글을 쓰고 하나님이 우리에게 주고자 하신 능력을 끔찍하게 빼앗았던 '우리를 너무 쉽게 공격해온 죄'에 관한 승리를 이토록 높이 칭송하는가? 나는 분명히 대답할 수 있다. 나는 하나님의 약속이나 능력과 관련해서 우리가 얼마나 무지한지를 너무나 잘 알고 있다. 사람들은 항상 쉽게 뒤로 물러서서 하나님의 능력을 제한하고, 하나님이 그들이 보아왔던 것보다 더 위대한 일들을 행하시지 않을 것으로 생각하려는 경향이 있음을 잘 안다. 그러므로 기도의 골방에서 새로운 방식으로 하나님을 알게 되는 것은 즐거운 일이다.

그러나 이것은 시작에 불과하다. 하나님이 모든 것에 완전하심을 알고, 그분의 성령이 우리의 마음과 생각을 넓게 여겨서 하나님이 그분을 바라는 자들에게 이루고자 하시는 위대한 일과 새로운 일들을 알게 되는 것은 더욱 크고 영광스러운 일이다.

하나님의 목적은 그분의 자녀와 종들의 믿음을 북돋우고, 하나님의 형용할 수 없는 위대하심과 전능하심을 알고 이해하게 하시려는 것이다. 그때 우리는 어린아이 같은 심정으로 다음과 같이 말하게 될 것이다. "우리 가운데서 역사하시는 능력대로 우리가 구하거나 생각하는 모든 것에 더 넘치도록 능히 하실 이에게 교회 안에서와 그리스도 예수 안에서 영광이 대대로 영원무궁하기를 원하노라"(엡 3:20-21). 오, 우리는 얼마나 위대하고 영광스러운 하나님을 소유했단 말인가!

당신은 물을 것이다. "이 승리의 기록이 덫이 되어서 우리를 경솔함이나 교만으로 이끌어가지 않을까요?" 물론이다. 이 땅 위에서 최고로 높고 좋은 것은 항상 남용되기 쉽다. 그러면 어떻게 우리가 이것으로부터 보호받을 수 있을까? 우리를 실제로 하나님과 만나게 하는 진실한 기도만큼이나 분명한 것은 없다. 지속적인 기도로 구하면 하나님의 거룩하심이 우리의 죄를 덮을 것이다. 하나님의 위대하심과 전능하심이 우리가 아무것도 아님을 느끼게 할 것이다. 예수 그리스도 안에서 하나님과의 교제는 우리 안에 선한 것이 거하지 않는다는 사실을 깨닫게 할 것이다. 우리가 오직 믿음으로만 하나님과 교제할 수 있다는 사실을 깨달을 때 그리스도께서 스스로 자신을 낮추셨던 것처럼 우리도 자신을 낮추게 될 것이다. 그리고 예수님이 하나님 안에 계셨던 것처럼 우리도 주 안에서 진정으로 살게 될 것이다.

기도는 단순히 뭔가를 얻어내려고 하나님께 가는 것이 아니다. 기도는 무엇보다 하나님과의 교제이다. 그분이 우리를 소유하시고 우리의 본성을 억눌러 우리에게 그리스도의 겸손함을 입히실 때까지 하나님의 거룩함과 사랑의 권능 아래로 들어가는 것이다. 이것은 모든 진정한 예배의 비밀이기도 하다.

그리스도 예수 안에서 우리는 그리스도와 함께 죽은 사람과 같이 하나님께 가까이 다가가서 우리의 모든 삶을 다 성취하게 된다. 주님이 내주하시는 사람들은 다음과 같이 말할 수 있다. "제 안에 그리스도께서 사십니다." 주님이 우리를 기도하지 않는 죄에서 자유롭게 하기 위해 우리 안에서 행하신 일들에 관해 지금까지 한 이야기들은 기도생활의 시작에서부터 기도가 우리에게 주는 새로운 힘을 기쁨으로 경험할 때뿐 아니라 일상의 모든 기도생활에 이르기까지 진실이다. 우리는 '그분'을 통해 하나님께로 가까이 나아가게 된다. 모든 영적생활에서처럼 이 순간에도 그리스도께서 전부이며 예수님 외에는 아무것도 없다.

하나님이 우리를 강하게 하셔서 주님이 자신을 사랑하는 자들을 위해 승리를 마련해 놓으셨으며, 그 축복은 인간이 마음속으로 생각해낼 수 있는 것 이상이라는 사실을 믿을 수 있게 하시기를! 우리 주 하나님은 자신을 사랑하는 자들을 위해 이를 이루실 것이다.

이 모든 것은 한꺼번에 이루어지지 않는다. 하나님은 그분의 자녀들에게 오래 참으신다. 아버지와 같은 인내로 우리의 느린 성장을 참아내신다. 하나님의 모든 자녀로 하여금 그분의 말씀이 약속한 모든 것을 누리게 하신다. 그러면 우리는 믿음이 강할수록 끝까지 더욱 열심히 견뎌낼 것이다.

더 풍성한 생명을
주는 기도

　　주님은 "도둑이 오는 것은 도둑질하고 죽이고 멸망시키려는 것뿐이요 내가 온 것은 양으로 생명을 얻게 하고 더 풍성히 얻게 하려는 것이라"(요 10:10)고 말씀하심으로써 더 풍성한 생명에 관해 알게 하셨다. 사람이 살아 있는 동안 생명을 가졌을지 모르지만 영양 상태가 나쁘거나 병에 걸렸을 때는 생명의 풍성함이나 힘이 없을 것이다. 이것이 구약과 신약의 차이다. 구약에서도 분명 율법 아래에서 생명이 있었지만 신약에서처럼 풍성한 은혜가 넘치는 생명은 아니었다. 그리스도께서는 제자들에게 생명을 주셨지만 더 풍성한 생명은 주님의 부활과 성령의 선물을 통해서만 얻을 수 있었다.

　　모든 진정한 그리스도인은 그리스도로부터 생명을 얻었다. 그러나 그들 중 상당수는 주님이 공급하고자 하시는 더 풍성한 생명에 관해서 아는 바가 없었다. 바울은 지속해서 이것을 언급했다. "내게 능력 주시는 자 안에서 내가 모든 것을 할 수 있느니라"(빌 4:13). "우리 주 예수 그리스도로 말미암아 우리에게 승리를 주시는 하나님께 감사하노니"(고전 15:57). "그러나 이 모든 일에 우리를 사랑하시는 이로 말미암아 우리가 넉넉히 이기느니라"(롬 8:37).

　　지금까지 우리는 기도하지 않는 죄와 그 죄에서 해방되는 방법,

그리고 어떻게 그 죄에서 계속 자유로울 수 있는지를 알아보았다. 이와 관련해 다루었던 모든 것은 그리스도께서 하신 한 말씀 속에 담겨 있다. "내가 온 것은 양으로 생명을 얻게 하고 더 풍성히 얻게 하려는 것이라." 진정한 기도생활을 위해서는 이 풍성한 생명을 지속해서 더해가는 경험이 필요하므로 우리가 더 풍성한 생명을 잘 이해하는 것은 더할 나위 없이 중요하다.

우리는 기도하지 않음에 맞서 싸움을 시작하기 위해 그리스도께 의존하고, 그분이 우리의 조력자가 되어 도와주시기를 기대하지만 실망할 수 있다. 이때가 바로 우리가 기도하지 않는 것이 하나의 죄임을 깨닫고 맞서 싸워야 할 때이다. 이 죄는 육체를 따르는 모든 생활의 일부이며, 육체를 따르는 삶으로 인해 나타나는 다른 죄들과도 긴밀하게 관계되어 있다는 것을 인정해야 한다.

우리는 육체의 모든 영향력이 몸이나 영혼에 드러나든 감추어지든 간에 십자가에 못 박히고 죽음에 넘겨져야 할 것으로 간주해야 한다는 사실을 쉽게 간과하는 경향이 있다. 그렇기에 우리는 현재의 나약한 삶에 만족해서는 안 되며 더 풍성한 생명을 구해야 한다. 우리는 자신을 완전히 굴복시켜 성령이 우리를 완전히 소유하시게 해야 한다. 그러면 우리의 영적인 삶은 전적으로 변화된 모습으로 나타날 것이다. 그 결과 그리스도와 성령의 완전한 통제 아래 놓이게 될 것이다.

그렇다면 이 풍성한 생명을 구성하고 있는 것은 무엇인가? 풍성한 생명은 완전하신 예수님이 성령의 능력을 통해 우리의 모든 존재를 완전히 지배하시는 것이다. 성령은 우리 안에서 그리스도의 완전성과 그분이 주시는 풍성한 생명을 알게 하신다. 이는 크게 세 가지의 모습을 담고 있다.

첫째, 십자가에 못 박히신 자로서 예수님이다. 예수님은 단지 우리의 죄를 속량하기 위해 죽으신 자가 아니다. 우리를 십자가로 데려가서 그분과 함께 죽게 하시는 자로서 그분의 십자가와 죽음의 힘으로 우리 안에서 그 일을 이루신다. 만약 당신이 "나는 그리스도와 함께 십자가에 못 박혔다. 십자가에 못 박히신 그분이 내 안에 계신다"라고 말할 수 있다면 당신은 예수님과 진정한 교제를 나누고 있는 것이다. 예수님 안에 있던 감정, 기질, 십자가의 죽음으로 이끈 겸손과 순종은 그분이 성령에 대해 "그가 내 것을 가지고 너희에게 알리겠음이라"고 말씀하셨을 때 우리도 어린아이처럼 그분 안에 있는 생명에 참여하라고 보이신 것들이다. 결코 명령이 아니다.

당신은 십자가에 그리스도께서 내주하시도록 성령이 당신을 완전히 소유하시기를 갈망하는가? 이것이 정확히 주님이 자신을 내주신 목적이다. 주님은 자신을 주께 드리는 모든 사람 안에서 이를 분명히 성취하실 것이다.

둘째, 승천하신 자로서 예수님이다. 성경은 종종 그리스도를 죽음에서 살아나게 하신 하나님의 경이로운 능력과 관련하여 부활을 언급한다. "그의 힘의 위력으로 역사하심을 따라 믿는 우리에게 베푸신 능력의 지극히 크심이 어떠한 것을 너희로 알게 하시기를 구하노라. 그의 능력이 그리스도 안에서 역사하사 죽은 자들 가운데서 다시 살리시고 하늘에서 자기의 오른편에 앉히사"(엡 1:19-20). 이 말씀을 너무 빨리 읽고 지나치지 말라. 다시 돌아가서 한 번 더 읽어보라. 당신이 아무리 스스로 힘없고 연약하다 느낄지라도 전능하신 하나님의 능력이 당신 안에서 역사하고 있음을 인정하라. 이를 믿기만 하면 하나님은 날마다 그 아들의 부활 능력을 당신에게 공급해주실 것이다.

그렇다. 성령은 이 세상의 심판과 유혹의 한가운데에서도 당신의 일상을 능력으로, 그리스도의 부활과 기쁨과 승리로 가득 채울 수 있다. 십자가로 하여금 당신을 죽기까지 낮아지게 하라. 하나님이 그분의 성령을 통해 당신 안에 있는 영원한 생명이 역사하게 하실 것이다. 우리로 하여금 십자가에 못 박히시고 다시 살아나신 그리스도께 참여한 자가 되게 하는 것과 그분의 생명과 죽음을 확증하게 하는 것이 완전히 성령의 일임을 우리는 얼마나 간과하고 있는가!

셋째, 영광받으신 자로서 예수님이다. 영광받으신 그리스도는 성령으로 세례를 받은 자이다. 주 예수님이 친히 성령으로 세례를 받으셨던 것은 이에 앞서 요단강에서 자신을 낮추시고 요한의 회개 세례, 즉 죄인들을 위한 세례에 자신을 내주셨기 때문이다. 더욱이 예수님은 사람들을 회개하게 하는 사명을 맡으셨을 때부터 십자가에서 하나님 앞에 흠 없는 자로 자기 자신을 드렸던 그 시간까지 그 일을 하는 데 합당하게 되기 위해 성령을 받으셨다. 당신은 영광받으신 그리스도께서 당신에게 성령의 세례를 베푸시기 원하는가? 그러면 주님의 섬김을 위해, 더 나아가 죄인들에게 하나님의 사랑을 알리는 주님의 위대한 일을 위해 당신 자신을 드리라.

하나님은 영광받으신 예수님으로부터 능력과 함께 세례를 받는 것이 얼마나 위대한 일인지 깨닫도록 우리를 도우신다. 그것은 주를 위해 일하려는 것, 그리고 필요하다면 주를 위해 고통받는 일에 자원하려는 의지와 영혼의 갈망을 의미한다. 당신은 주님을 알아왔고, 사랑해왔으며, 그분을 위해 일했고, 그 일로 인한 축복을 받았지만 주님은 우리에게 그 이상의 것을 주고자 하신다. 주님은 성령의 능력으로 우리 안에서, 우리의 형제 안에서, 교회 사역자들 안에서 일하시고 우리의 마음을 주를 경외하는 사랑으로 채우게 하신다.

당신은 이 진리를 붙들었는가? 풍성한 삶은 성령으로 세례받고, 자기 자신을 우리의 마음속에 드러내시고, 우리 안에서 만유의 주로 사시는 그리스도의 못 박히심과 살아나심과 영광받으심의 풍성한 생명, 그 이상도 그 이하도 아니다.

얼마 전, 이런 글을 읽었다. "꼭 이루어져야 한다는 소망 안에서 살아라." 당신의 인간적인 생각으로 가능하다고 하는 한계 속에 살지 말라. 말씀 안에서 살아라. 예수 그리스도의 사랑과 무한한 신실하심 안에 살아라. 비록 느리게 진행되고 많은 장애가 있더라도, 경험이 아닌 의지할 수 있는 약속으로 늘 주님께 감사하는 믿음은 날마다 당신의 힘을 강하게 할 것이다. 하나님이 우리 안에서 그분의 일을 완전히 이루신다는 축복의 확신을 더하게 하실 것이다.

완전한 기쁨을
누리게 하는 기도

    우리는 주로 예수 그리스도를 중심으로 더욱 풍성한 생명
에 관해 살펴보았다. 그리고 성령으로 세례를 받으신 주님이 십자
가에 못 박히시고, 다시 살아나시고, 영광받으셨기에 그 안에서 풍
성한 생명을 얻는 데 필요한 모든 것을 발견할 수 있음을 알았다.

  이제 우리는 다른 관점에서 '승리하는 삶'을 살펴볼 것이다. 우리
는 그리스도인이 어떻게 진정한 승자로 살 수 있는지 알기 원한다.
우리는 기도의 삶은 그 자체만으로는 개선될 수 없다고 반복해서
말해왔다. 전에 기도하지 않으므로 얼룩졌던 삶이 완전히 새롭게
되고 성화되어 온전히 영적인 삶을 살 때만이 기도가 그 본래의 권
능을 가질 수 있다. 우리는 하나님이 그분의 자녀들에게 원하시는
분량만큼 승리하는 삶을 살지 않는 것에 만족해서는 안 된다.

  주님은 계시록에 나오는 일곱 교회에 보낸 편지에서 이기는 자들
에게 약속을 주심으로 끝을 맺으셨다. 일곱 번이나 반복된 "이기는
자에게는"이라는 구절에 관해 곰곰이 생각해보라. 또한 그들에게
어떠한 측량할 수 없는 영광스러운 약속이 주어졌는지 주목하라.
그 약속들은 첫사랑을 잃어버렸던 에베소교회에도 주어졌고, "살았
다 하는 이름은 가졌으나 죽은" 사데교회에도, 미지근하고 자기기
만에 빠져 있던 라오디게아교회에도 주어졌다. 회개하면 승리의 면

류관을 받을 것이라는 약속이었다. 이 약속은 면류관을 받기 위해 힘쓰는 모든 그리스도인에게도 주어졌다. 그 승리를 얻기 위해 모든 것을 희생하지 않으면서 건강한 그리스도인이 되는 것과 하나님의 능력으로 말씀을 선포하는 것이 어떻게 가능하겠는가? 그것은 불가능하다.

그렇다면 우리는 어떻게 승리를 얻을 수 있는가? 답은 간단하다. 그리스도 안에 모든 것이 있다. "항상 우리를 그리스도 안에서 이기게 하시고 우리로 말미암아 각처에서 그리스도를 아는 냄새를 나타내시는 하나님께 감사하노라"(고후 2:14). "그러나 이 모든 일에 우리를 사랑하시는 이로 말미암아 우리가 넉넉히 이기느니라"(롬 8:37).

모든 일이 우리의 완전한 순복과 온전한 믿음, 하나님과 변함없는 교제 등 우리와 그리스도의 올바른 관계에 달려 있다. 그러나 이 모든 것을 어떻게 얻는가? 아래의 간단한 지시가 그리스도 안에서 당신을 위해 준비된 모든 것이 당신의 소유가 되는 완전한 기쁨을 누리는 방법을 가르쳐줄 것이다.

- 죄에 관한 새로운 발견
- 그리스도에 대한 새로운 헌신
- 당신이 지속해서 승리할 수 있게 할 힘에 관한 새로운 믿음

첫째, 죄에 관해 새롭게 발견해야 한다. 로마서 3장을 보면 용서와 회개에 필요한 죄에 관한 지식이 묘사되어 있음을 알 수 있다. "우리가 알거니와 무릇 율법이 말하는 바는 율법 아래에 있는 자들에게 말하는 것이니 이는 모든 입을 막고 온 세상으로 하나님의 심판 아래에 있게 하려 함이라"(19절). 당신은 이 말씀으로 자신의 분명한 상태를 파악하고 얼마간 죄를 자각했으며 자비를 얻었을 것이다.

그러나 승리의 삶으로 가려면 더 필요한 무언가가 있다. 그것은 당신 안에, 즉 당신의 육체 안에 선한 것이 거하지 않는다는 사실을 깨달음으로 시작한다. "내 속 곧 내 육신에 선한 것이 거하지 아니하는 줄을 아노니 원함은 내게 있으나 선을 행하는 것은 없노라"(롬 7:18). 당신의 속사람으로는 하나님의 법을 즐거워하지만, 또 다른 법이 당신의 지체 속에서 역사하여 당신을 죄의 법 아래로 사로잡는 것을 보면 이렇게 외치지 않을 수 없게 된다. "오호라. 나는 곤고한 사람이로다. 이 사망의 몸에서 누가 나를 건져내랴"(롬 7:24).

이것은 당신이 범했던 몇몇, 혹은 많은 죄를 생각하며 회심했을 때 경험했던 것과 다르다. 이것은 훨씬 더 깊이 나아간다. 당신은 그리스도인으로서 원하는 선한 일을 할 힘이 없다는 사실을 깨닫는다. 당신은 본성에 자리 잡은 죄에 관한 더 깊은 통찰력을 가져야 하며, 비록 그리스도인일지라도 원하는 대로 살지 못하는 자신의 완전한 약함을 깨달아야 한다. 당신은 이렇게 부르짖게 될 것이다.

"오호라. 나는 곤고한 사람이로다. 죄의 법 아래 사로잡혔도다! 누가 나를 건져내랴?"

이 문제에 관한 대답은 이것이다. "우리 주 예수 그리스도로 말미암아 하나님께 감사하리로다"(롬 7:25). 그다음에 그리스도 안에 무엇이 있는지가 나타난다. 그것은 로마서 3장에 나타난 것에 국한되지 않는다. 그 이상이다. "나는 그리스도 안에 있고 그리스도 안에 있는 생명의 성령이 나를 죄와 사망의 법에서 해방시켰도다"(롬 8:2 참조). 나는 그 안에 속해 있다. 나는 그리스도 안에 있는 생명의 성령의 법(또는 힘)에 의해 자유로워졌으며, 이제 새로운 의식을 가지고 새로운 헌신으로 승리의 전수자로서 그리스도를 인정하도록 부름받았다.

둘째, 그리스도에 대해 새롭게 헌신해야 한다. 우리는 '헌신'이나 '성화'라는 단어가 무엇을 의미하는지 바로 이해하지 않은 채 얼마나 자주 사용했는지 모른다. 당신이 로마서 7장의 교훈을 깨달았다면 자신의 노력으로는 진정한 그리스도인의 삶과 기도의 삶을 이루지 못하는 무력한 상태에 있음을 완전히 자각했을 것이다. 또한 주예수만이 그분의 힘으로 당신을 완전히 새로운 방향으로 인도하실 것이며, 그분의 성령을 통해 당신을 전적으로 새로운 존재로 소유하심을 알게 되었을 것이다. 이 사실만이 당신을 계속 죄를 범하게 하는 데에서 다시 지켜줄 수 있다. 또한 당신이 자기 자신만을 보는 데에서 벗어나 자신으로부터 완전히 자유로워지도록 인도할 것이며, 주 예수께 모든 것을 기대하게 할 것이다.

우리가 이 사실을 이해하기 시작했다면 이제 우리 본성에는 선한 것이 거하지 않으며, 그것은 저주 아래 있기에 그리스도와 함께 주님의 십자가에 못 박혀야 함을 인정하게 된다. 우리는 바울이 그리스도의 죽음으로써 우리가 죄에 관해 죽었다고 했던 말의 의미를 알 수 있다. 그로 말미암아 우리는 예수님 안에 있는 영광스러운 부활을 얻는다. 이 사실을 깨달음으로써 우리는 그리스도께서 우리 안에 있는 그분의 생명을 통해, 또 그분의 지속적인 내주하심을 통해 그리스도인들을 지키실 수 있다는 사실을 확신하게 된다.

우리가 회심했을 때 주님이 우리를 용납하셨음을 알 때까지 우리에게는 안식이 없었다. 그러나 이제 우리는 주님이 부활의 능력으로 우리를 지키는 일을 감당하신다는 확신을 얻기 위해 주께로 나아가야 한다고 느낀다. 또한 주님이 우리의 회심을 받아들이신 것만큼이나 명백하게 그분이 우리에게 승리의 확신을 주실 만한 행위가 있어야 한다. 비록 그것이 너무 위대하거나 너무 크게 보여도 핑계 없이 자기 자신을 그리스도의 뜻 아래 던지는 사람은 주님이 진정으로 받으셔서 교제의 자리로 이끄시고 넉넉히 이기게 하시는 것을 경험할 것이다.

셋째, 당신이 지속해서 승리할 수 있게 할 힘에 관해 새롭게 믿어야 한다. 많은 사람의 간증에도 이런 생각이 잘 나타나 있다. 그들은 나에게 스스로 그리스도께 삶을 완전히 헌신하는 새로운 순종이

요구됨을 느꼈지만 실패의 두려움으로 주저하게 되었다고 고백했다. 마침내 거룩함에 관한 갈망과 예수님과의 영원한 교제에 관한 갈망과 어린아이 같은 순종을 계속해가는 삶에 관한 갈망이 그들을 한 방향으로 이끌었다.

그러나 곧 이러한 질문이 떠올랐다. "내가 계속 신실할 수 있을까?" 그들은 이 질문의 답을 자신들의 힘이 아니라 영광받으신 주님이 주신 권능에 의해 순종할 수 있다는 사실을 믿고 나서야 얻을 수 있었다. 주님이 그들의 미래를 지켜주실 뿐만 아니라 먼저 그 미래의 은혜를 기대할 수 있는 믿음의 순종을 가능하게 하셔야 한다. 그들이 자신을 주께 내드릴 수 있는 것도 그리스도의 능력 안에 있다.

오, 그리스도인이여! 이것을 믿기만 하라. 그러면 승리하는 삶이 있을 것이다. 승리자 그리스도는 당신의 주시며, 당신을 위해 모든 것을 맡으시고, 당신이 하나님이 기대하시는 모든 것을 할 수 있도록 하실 것이다. 용기를 가지라. 당신을 위해 생명을 주시고 모든 죄를 용서하신 그분이 당신을 위해 위대한 일을 하실 것을 믿지 않겠는가?

그분의 능력으로 담대히 자신을 굴복시켜 하나님의 힘으로 죄에서 자신을 지킨 사람들의 삶을 살라. 당신 안에 선한 것이 거하지 않는다는 사실을 확고히 믿음과 함께 당신이 하나님의 자녀로서 삶을 사는 데 필요한 모든 선한 것이 주 예수 그리스도 안에 있음을 알라. 말 그대로 당신을 사랑해서 자신을 내주신 하나님의 아들을 믿는 믿음으로 살기 시작하라.

당신에게 용기를 주기 위해 깊은 겸손과 온화한 경건의 사람인 모울(Moule) 주교의 일화를 소개하고자 한다. 그는 스코틀랜드에서 휴가를 보내는 동안 예상치 않게 한 작은 집회에서 몇몇 친구들을 만나게 되었다. 거기서 그는 어떤 설교를 들었는데, 그것이야말로 완전히 성경의 가르침을 따르는 것이라는 확신이 들었다. 육신이나 사람 속에 죄가 없음에 관해서는 어떤 말도 없었다. 그것은 오직 예수님이 어떻게 죄성을 가진 인간을 죄로부터 지켜주실 수 있는지를 설명한 것이었다. 설교를 듣는 동안 그의 마음에 빛이 비쳤다. 항상 분별력 있고 순종적인 그리스도인으로 인정되었던 그는 이제 자기 자신을 완전히 그리스도께 헌신하는 사람들을 위해 주님이 하시고자 하는 일을 새롭게 경험하게 되었다.

그는 "내게 능력 주시는 자 안에서 내가 모든 것을 할 수 있느니라"는 말씀을 본문으로 한 그 설교에 관해 다음과 같이 말했다.

"나는 보호와 승리를 주시는 하나님의 권능을 진정으로 믿는 사람들에게 하나님의 약속이 말 그대로 나타나며, 사실로 드러나는 삶을 사는 것이 가능하다고 감히 말한다. 우리의 모든 염려를 날마다 하나님께 내맡기고, 그 안에서 깊은 평안을 누리는 것은 가능하다. 믿음을 통해 우리 마음의 생각과 소망을 말씀의 가장 깊은 의미로서 정화하는 것이 가능하다. 범사에 하나님의 뜻을 깨닫고 한숨을 쉬면서가 아니라 노래를 부르며 그 뜻을 인정하는 것이 가능하다. 매일 모든 시간에 나의 갈망과 감정의 내면에 있는 모든 고통과 분노와 화, 악담을 내려놓는 것이 가능하다.

하나님의 능력 속에 완전한 피난처를 삼음으로써 끝까지 강할 수 있으며, 이전에 우리가 가장 약했던 부분과 이전에 우리의 모든 결단을 인내하지 못하게 하거나 시시하게 만들었던 것들이, 이제는 우리를 사랑하시고 우리 안에서 하나님의 뜻에 조화되도록 일하시는 주님을 통해 죄를 무력하게 하고 주의 임재와 주의 권능을 느끼는 축복을 누리는 기회가 된다.

이 모든 것은 하나님의 일이므로 하나님만이 하실 수 있다. 그것을 진정으로 경험하는 것은 항상 우리로 하여금 하나님의 발아래 엎드리게 하고, 더욱 목마른 심령으로 그분을 갈망하게 한다. 우리는 매일, 매시간, 매 순간 하나님과 그리스도 안에서 성령의 능력을 통해 동행하는 것 외에 어떤 것에도 만족하지 못할 것이다."

자신의 내면이 더럽혀져서 스스로는 아무 희망이 없음을 알고, 절망을 확신하는 사람들로 하여금 예수 그리스도를 보게 하시며, 승리의 삶을 보장해주신 하나님께 감사드린다. 하나님의 능력 안에서 믿음으로 순종할 수 있게 된 사람들은 이제 매일 매 순간 그분만을 의지할 것이다.

기도의 골방에서
----------------------------- 하나님을 만나라

"너는 기도할 때에 네 골방에 들어가 문을 닫고 은밀한 중에 계신 네 아버지께 기도하라. 은밀한 중에 보시는 네 아버지께서 갚으시리라"(마 6:6).

어느 날, 한 형제가 기도를 소홀히 했음을 진지하게 회개한 후에 마침내 눈이 떠져서 하나님이 우리에게 요구하시는 모든 것을 친히 이루시기 위해 은혜를 부어주심을 깨닫게 되었다고 고백했다. 그는 개인적인 기도의 방에서 올바로 시간을 보내는 최상의 방법이 무엇인지 나에게 가르쳐달라고 말했다. 아쉽게도 그 당시에는 시간이 별로 없어서 구체적으로 대답하지 못했다. 아마도 다음의 몇 가지 제안이 개인 기도에 도움이 될 것이다.

기도의 골방으로
들어가기

첫째, 기도의 골방에 들어갈 때 당신을 하나님께로 인도하심을 감사드리고 그분과 함께 자유롭게 대화하라. 당신의 마음이 냉담하고 무감각하다면 신앙은 감정의 문제가 아니라 먼저 의지를 요구한다는 것을 기억하라. 당신의 마음을 하나님께 올려 드리고 그분이 당신을 바라보고 축복하실 것을 확신하며 감사하라. 그런 믿음의 행위를 통해 당신은 하나님을 영화롭게 하며 당신의 영혼이 분주해지는 것을 막을 수 있다.

또한 당신에게 기도를 가르쳐주시고 그렇게 할 수 있는 성품을 주시는 예수 그리스도의 거룩한 은혜를 생각하라. 그리고 당신의 마음으로 "아빠 아버지"라고 부를 수 있게 하시고 기도할 때 당신의 연약함을 도우시는 성령을 생각하라. 이처럼 5분을 보내면 당신의 믿음은 굳건해질 것이다. 다시 한번 하나님께 감사를 올려드림으로써 기도를 시작하고 기도할 수 있는 자리를 주시고 거기서 축복의 약속을 하시는 하나님을 찬양하길 부탁한다.

둘째, 당신은 기도를 위한 성경 공부를 통해 기도를 준비해야 한다. 경건의 시간이 그다지 매력적이지 않은 이유는 사람들이 기도하는 방법을 모르기 때문이다. 그들이 가지고 있던 기도할 말들은 금세 바닥나고 더는 무엇을 기도해야 할지 모른다. 그러나 기도는 모든 것이 한쪽 편에서만 나오는 독백이 아니다. 하나님의 자녀가 아버지의 말씀을 듣고 이에 대답하고 자신에게 필요한 것을 구하는 대화이다.

성경 몇 구절을 읽으라. 그 안에 기록되어 있는 어려운 말씀에 관해서는 걱정하지 말라. 당신은 후에 그것을 다시 살펴볼 수 있다. 당신이 이해한 구절을 가지고 스스로 적용하고 아버지께 그 말씀으로 당신의 마음속에 비추어주시고 힘주시기를 구하라. 그러면 당신은 당신에게 주어진 하나님의 말씀을 가지고 충분히 기도할 수 있을 것이다. 또한 당신은 필요한 것들을 구할 자유가 있다. 계속 이 방법을 시도하라. 그러면 기도의 골방은 한숨과 발버둥의 자리가 아니라 하늘에 계신 아버지와 교제하는 자리가 될 것이다. 성경 말씀을 가지고 기도하는 것은 강력한 기도의 필수조건이다.

셋째, 당신의 마음속에 말씀을 받았다면 그때 기도를 시작하라. 그러나 이제 기도할 방법을 잘 알고 있다고 판단해 성급하거나 무분별하게 기도하려고 하지 말라. 당신의 힘으로 기도하는 것은 축복이 되지 않는다. 자신을 하나님 앞에 경건하게, 그리고 조용히 내려놓는 시간이 필요하다. 그분의 위대함과 거룩함과 사랑을 기억하라. 당신이 그분께 무엇을 바라는지 재고하라. 어떤 아이도 이 땅의 아버지께 매일매일 같은 것을 말하지 않는다.

당신이 아버지께 이야기하는 내용은 그날의 필요 때문에 영향을 받는다. 당신의 기도는 읽은 말씀에서 나올 뿐만 아니라 당신이 만족하고자 하는 실제적인 영적 필요로부터 구체적이어야 한다. 예를 들어 "나는 아버지께 무엇을 구했는지 잘 알며 응답을 기다립니다"라고 말할 수 있어야 한다. 종이에 기도하고자 하는 내용을 적는 것도 좋은 방법이다.

넷째, 지금까지 말한 것은 자기 자신의 필요와 관련된 것이다. 그러나 또한 우리는 다른 사람들의 필요를 위해서도 기도해야 함을 알아야 한다. 매일의 기도가 더 많은 기쁨과 축복을 가져오지 않는 이유는 그것이 너무 이기적이기 때문이다. 이기심은 기도의 생명력을 사라지게 한다.

당신의 가족을 기억하라. 당신의 동료와 그들의 관심, 당신의 이웃, 그리고 당신이 속한 교회를 기억하라. 마음을 넓혀서 사역자들의 필요와 전 세계의 교회를 생각하라. 이처럼 중보 기도자가 되면 처음으로 하나님이 기도를 통해 그분의 축복을 다른 사람들과 나누는 일에 당신을 사용하시는 기도의 축복을 경험하게 될 것이다. 당신은 하나님께 할 말이 있음을 깨달음으로써 살아갈 가치가 있다는 것을 느끼기 시작할 것이다. 당신은 하늘에 계신 하나님이 기도의 응답으로 일하시는 것을 깨달을 것이다. 기도하지 않으면 얻을 수 없다.

자녀는 아버지께 빵을 구할 수 있다. 장성한 아들은 아버지와 함께 자신의 모든 일과 앞으로의 계획을 이야기한다. 그러나 연약한 하나님의 자녀는 자기 자신을 위해 기도한다. 그리스도 안에서 장성한 자는 하나님의 나라에서 일어나는 일들에 관해 하나님과 상의하는 법을 알고 있다. 당신의 기도 리스트에 당신의 사역자나 교인들, 전도 대상자 등 당신이 기도하고 있는 사람들의 이름과 기도 내용을 적어놓으라. 이렇게 할 때 우리의 마음은 하나님의 선하심과 엄청난 기쁨의 근원이 될 것이다. 그곳은 이 세상에서 가장 축복된 장소가 될 것이다.

믿기 어려울지 모르지만 이것은 단순한 진리이며 하나님이 그곳을 그분의 천사들이 오르락내리락하며 당신이 "여호와는 나의 하나님이 되실 것입니다"라고 외치는 벧엘로 만드실 것이다. 또한 천사와 씨름해서 이긴 하나님의 왕자로서 하나님의 얼굴을 보게 되는 브니엘로 만드실 것이다.

다섯째, 기도의 방과 바깥세상이 가깝게 결속되어 있음을 잊지 말라. 우리는 온종일 내면의 기도 방에서와 같은 마음가짐을 지녀야 한다. 은밀한 기도의 목적은 하나님과 연합함으로써 항상 그분과 동행하는 것이다. 기도하는 자에게 죄, 부주의, 육체를 따르는 삶과 세상은 적합하지 않다. 영혼에 먹구름이 끼게 한다. 그러므로 비틀거리거나 넘어지려 할 때 당신의 은밀한 기도의 방으로 나아가 먼저 예수님의 보혈을 떠올리고 그 피로 씻어주시기를 구하라. 당신이 완전히 고백할 때까지 쉬지 말고 당신의 죄를 회개하고 죄에서 떠나라. 예수님의 귀한 피가 정말로 당신을 하나님과 가까이하게 하는 새로운 자유를 줄 것이다.

기도의 골방에서 얻어진 당신 생명의 뿌리는 몸과 영혼을 뛰어넘어 일상생활에서도 나타나게 된다. 그러므로 당신이 은밀히 기도하는 '믿음의 순종'이 당신을 지속해서 다스리게 하라. 기도의 방은 당신을 하나님과 묶고 하나님에게서 오는 힘을 공급해서 하나님만으로 살 수 있도록 만들 것이다. 하나님은 그 자리에서 감사를 받으시고 그곳에서 당신이 축복된 삶을 경험하게 하시고 삶을 더욱 풍성하게 하실 것이다.

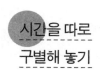

시간을 따로
구별해 놓기

천지창조 전에 시간은 존재하지 않았다. 이해하기 힘들겠지만 하나님은 영원 속에서 사셨다. 창조와 함께 시간이 시작되었고 모든 것은 시간의 영향력 아래 놓였다. 하나님은 모든 살아 있는 피조물이 서서히 성장하는 법칙을 따르게 하셨다. 어린아이가 그 몸과 마음이 자라 어른이 되기까지 걸리는 시간을 생각해보라. 배움에서, 지혜에서, 직업에서, 솜씨에서, 정치에서 모든 것이 인내와 끈기가 필요하다. 모든 것이 시간을 요구한다.

신앙도 마찬가지다. 많은 시간을 따로 구별해 놓지 않으면 거룩한 하나님과의 대화도, 하늘과 땅 사이의 어떤 교제도, 타인의 영혼을 위한 구원의 능력도 있을 수 없다. 갓난아이가 먹는 것을 배우는데 오랜 시간이 필요한 것처럼 은혜의 삶은 전적으로 우리가 그것을 위해 매일 투자하는 시간에 달려 있다.

특히 교회의 사역자들은 평범한 일상생활 속에서 영적인 생명을 유지하기 위해 노력하는 성도들을 지도하고 돕기 위해 하나님에 의해 임명되었다. 만약 본인 스스로가 기도생활의 생생한 경험이 없다면 그는 이 일을 감당할 수 없을 것이다. 그의 최고의 소명은 권면하는 것도, 교인을 방문하는 것도 아니다. 날마다 하나님의 생명을 구하고 주님이 그에게 가르치고 이루시는 일들의 증인이 되는 것이다.

우리 예수님도 그렇게 하시지 않았는가? 고백할 죄도 없는 그분이 왜 때때로 밤을 새워 하나님께 기도해야 하셨는가? 영적인 생명은 아버지와의 친밀한 관계를 통해 강건해지기 때문이다. 예수님이 하나님과 교제로 시간을 보내신 경험은 그분이 그 생명을 우리와 나눌 수 있도록 만들었다.

모든 그리스도인은 하나님을 의지하기 위해 자신의 시간을 부여받았음을 알아야 한다. 하나님은 당신의 처음 시간과 최고의 시간을 그분과의 교제로 보내기를 원하신다. 만약 이렇게 하지 않는다면 당신의 수고는 아무런 힘도 발휘하지 못할 것이다.

사람들은 이 땅에서 돈을 벌거나 공부하는 데 자신의 시간을 쓸 수 있다. 하지만 우리는 우리의 시간을 하늘로부터 얻어지는 신령한 능력이나 영적인 축복을 위해 써야 한다. 그것만이 우리를 하나님의 사람으로 만들고 우리의 사역이 성령과 능력의 증거가 될 것임을 보장한다.

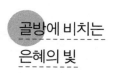

골방에 비치는
은혜의 빛

　　주님은 사람들에게 보이려고 힘쓰는 위선자들의 기도와 말을 많이 해야 한다고 믿는 이방인들의 기도에 대해 말씀하셨다. 그들은 우리를 바라보시고 귀 기울이시는 인격적인 하나님께 드리는 기도 외에 어떤 기도도 가치가 없다는 것을 이해하지 못했다.

　　이어서 주님은 그리스도인들이 은밀한 기도의 자리에서 기도할 때 받게 되는 어마어마한 은혜에 관해 놀라운 가르침을 주셨다. 우리는 이 가르침을 완전히 이해하기 위해 기도의 방에 비치는 빛에 관해 주의를 기울여야 한다. 기도의 방에 비치는 빛은 많은 것을 깨닫게 한다.

　　첫째, 하나님의 놀라운 사랑을 알게 한다. 하나님과 그분의 위대하심과 거룩하심, 형용할 수 없는 영광을 묵상해보라. 하나님이 한 사람, 한 사람 그 자녀들을 부르시고, 그들이 아무리 죄가 크거나 악할지라도 언제든지 그분께로 돌아올 수 있게 하시며, 그들이 원하는 만큼 오랫동안 대화할 수 있도록 하신 특권을 생각해보라.

　　하나님은 그분의 자녀들이 기도의 방에 들어오면 언제든지 만날 준비가 되어 있으시다. 나아가 자녀들과 교제하시고, 자녀들의 마음속에 하나님이 함께하시며, 그들을 위해 모든 것을 떠맡아주신다는 확신을 할 수 있도록 기쁨과 힘을 더해주려고 하신다. 더욱이 하나님은 그분의 자녀들이 은밀히 기도하는 외부의 삶과 일을 풍성하게 하실 것을 약속하신다. 그렇다면 우리는 당연히 기쁨으로 부르짖어야 하지 않는가! 이 얼마나 큰 영광인가! 얼마나 귀한 구원인가!

당신은 하나님이 우리의 모든 필요에 어떤 충만한 은혜를 공급해 주시는지 아는가? 어떤 사람은 최악의 곤경에 처해 있거나 깊은 죄에 빠져 있을지 모른다. 또 어떤 사람은 반복되는 일상에서 세속적이거나 영적인 축복을 간구할지 모른다. 아마 그는 자기 자신이나 그와 가까운 사람들, 혹은 자신의 교회와 성도들을 위해 기도할 것이다. 그는 또한 전 세계를 위해 기도하는 중보 기도자가 되기를 바랄 수도 있다. 골방 기도의 약속은 이 모든 것을 포괄한다. "은밀한 중에 계신 네 아버지께 기도하라. 은밀한 중에 보시는 네 아버지께서 갚으시리라"(마 6:6).

하나님의 자녀들에게는 이 세상의 어떤 장소도 하나님의 임재가 약속되어 있다. 하지만 아버지와 방해받지 않는 교제가 기다리고 있는 기도의 방만큼 매력적이지는 않다. 이 세상에서 아버지의 사랑을 즐거워하는 아이들의 행복을 생각해보라. 사랑하는 연인을 만나 교제하는 행복을 생각해보라. 자신의 주에게 언제든지 다가갈 수 있고 원하는 만큼 함께 있을 수 있는 자유를 가진 종의 행복을 생각해보라. 이 모든 기쁨과 특권조차 하나님의 자녀들이 가진 특권과 비교하면 아무것도 아니다. 당신은 기도의 방에서 원하는 만큼 하나님과 친밀하게 대화할 수 있다. 당신은 거기서 하나님의 임재와 교제를 기대할 수 있다.

당신은 기도의 방이라는 선물 안에서 하나님의 놀라운 사랑이 특별한 약속으로 성화되는 것을 깨달았는가? 날마다 우리의 삶 속에서 하나님의 놀라운 사랑의 선물에 감사하자. 이 죄 많은 세상에서 하나님은 형용 못할 축복의 근원이 되시며 늘 우리의 필요만을 생각하고 계신다.

둘째, 인간의 깊은 죄성을 깨닫게 한다. 아마도 우리는 하나님의 모든 자녀가 하나님의 초대라는 은혜를 기쁨으로 누리고 있다고 생각할 것이다. 그러나 실상은 어떠한가? 모든 나라에서 일반적으로 자신을 신자라고 하는 사람들에 의해 개인적이고 인격적인 기도가 무시된다는 탄원이 들린다. 많은 사람이 그 특권을 쓸모없게 만든다. 그들은 교회를 다니고 그리스도를 고백하지만 하나님과 인격적인 교제에 관해서는 거의 모른다. 많은 사람이 조급한 마음이나 습관적으로, 또는 양심을 달래기 위해 조금씩만 기도하기 때문에 하나님의 축복을 나타내거나 기쁨을 맛보지 못한다. 더욱 슬픈 사실은 기도의 축복을 아는 많은 사람조차 온종일 하나님과 나누는 신실하고 규칙적이고 행복한 교제에 관해서 거의 모를 뿐 아니라 기도를 일용할 양식처럼 꼭 필요한 것으로 생각하지 않는다는 것이다.

그토록 기도를 무력하게 만드는 것은 무엇인가? 바로 인간의 깊은 죄성과 그의 타락한 본성이다. 그것들이 하나님을 적대시하고 아버지와 홀로 나누는 교제보다 이 세상과의 교제를 더욱 매력적으로 느끼게 했다.

그리스도인들은 진실로 육체는 '하나님을 대적하는 것'이라고 선언하는 성경 말씀을 믿고 있는가? 그들의 삶이 육체를 따라 더 많이 걷기 때문에 성령이 그들을 기도로 강하게 할 수 없는 것이 아닌가? 그리스도인들이 사탄에게 기도라는 무기를 내주었기에 사탄을 정복할 힘이 없지 않은가? 이 질문들에 관한 우리의 대답은 오직 인간의 깊은 죄성만 드러낼 뿐이다. 이보다 더 큰 증거는 없다. 우리는 은밀한 기도의 방을 무시했으며 우리에게 특권을 주시는 하나님의 측량 못할 사랑에서 등을 돌렸다.

더욱 마음이 아픈 것은 그리스도의 사역자들조차 자신들이 너무 적게 기도한다는 사실을 알고 있다는 사실이다. 하나님의 말씀은 오직 기도를 통해서만 능력이 온다고 가르친다. 오직 기도를 통해서, 분명히 기도를 통해서 위로부터 사역할 수 있는 능력을 부여받는다. 그러나 여전히 이 세상과 육신의 힘이 그들을 유혹하고 있다. 비록 그들이 사역에 시간을 헌신하고 열정을 쏟지만 가장 중요한 것이 무시되고 있다. 사역의 열매를 맺게 하는 가장 중요한 성령의 선물을 얻기 위해 기도하는 것에 관해서는 별다른 열의도 없고 힘도 쏟지 않는다. 하지만 하나님은 우리가 기도를 무시하고 있다는 것을 느낄 때 우리 본성에 있는 깊은 죄악을 깨달을 수 있는 은혜를 주셨다.

셋째, 예수 그리스도의 영광스러운 은혜를 누리게 한다. 변화의 희망은 없는가? 항상 죄악 된 상태여야 하는가? 회복의 수단은 있는가? 그렇다. 하나님께 감사하라! 하나님이 우리에게 기도의 골방을 가르쳐주신 것은 우리를 죄에서 구원하신 예수 그리스도를 통해서다. 예수님은 우리를 이 죄에서 구원하고자 하시며 그렇게 하실 것이다. 예수님은 우리의 모든 죄를 떠맡으시면서 기도하지 않는 죄만 우리의 힘으로 해결하도록 놔두지 않으셨다. 그렇다. 우리는 이번에도 주님께 다가가 부르짖을 수 있다. "주여, 원하시면 저를 깨끗하게 하소서!" "주여, 제가 믿나이다. 저의 믿음 없음을 도우소서!"

당신은 이 죄 사함을 어떻게 경험할 수 있는가? 모든 죄인은 주께 나아가야 한다는 잘 알려진 방법을 통해서다. 죄를 인정하는 것으로부터 시작해 어린아이같이 단순하게 그분 앞에서 당신이 기도의 골방을 무시하고 더럽혔음을 고백하라. 깊은 부끄러움과 슬픔으로 그 앞에 엎드리라. 당신의 마음이 혼자 힘으로도 충분히 기도할 수 있다고 당신을 속였음을 고백하라. 당신은 보잘것없이 나약한 육신과 이 세상의 힘과 자만심으로 인해 길을 엇나갔으며 이제 더 나아질 힘이 없음을 고백하라. 전심으로 그렇게 하라. 스스로 해결책과 노력으로는 회복될 수 없다.

죄와 약함 가운데 기도의 자리로 들어가서 전에는 미처 하지 못한 감사로 하나님께 감사하기 시작하라. 주 예수의 은혜가 당신이 어린아이처럼 아버지와 대화할 수 있게 할 것이다. 다시 한번 예수님께 당신의 전 생명과 의지뿐 아니라 모든 죄와 비참함을 내려놓는다면 그분이 당신을 씻어주시고 소유하시며 그분이 원하는 대로 다스리실 것이다.

당신의 마음이 차갑고 무감각하더라도 그리스도께서 전능하고 신실한 주님이심을 믿고 바라라. 용서하심을 분명히 확신하게 될 것이다. 그리고 당신은 기도의 골방이 예수 그리스도의 영광스러운 은혜의 계시이며, 하나님과 교제를 나누고, 하나님과 동행하는 데 필요한 능력과 힘을 공급받는 축복의 장소임을 깨닫게 될 것이다. 우리가 스스로 할 수 없는 일들을 가능하게 하는 곳임을 이해하게 될 것이다.

03

The Prayer Life _ Part 2

기도가 당신의 삶을
------------------------------------ 지배하게 하라

우리의 삶은 우리의 기도에 지대한 영향을 받는다. 마치 우리의 기
도가 우리의 삶에 영향을 주는 것과 같다. 인간의 전 생애는 자신의
필요를 받고 행복하게 되기 위한 자연이나 세상을 향한 끊임없는
기도이다. 이 자연스러운 기도와 갈망은 너무 강하다. 그로 인해 하
나님께 기도하는 사람들의 입에서 나오는 기도가 받아들여지지 않
을 수 있다. 때때로 하나님은 당신의 입술에서 나오는 기도를 들으
실 수 없다. 당신의 마음이 외치는 세상의 욕망이 훨씬 크고 강하게
들리기 때문이다.

삶은 기도에 막대한 영향력을 행사한다. 세상의 삶과 이기적인 삶

92
기도가 전부가 되게 하라

은 기도를 무력하게 하며 응답할 수 없게 한다. 많은 그리스도인에게는 삶과 기도 사이에 갈등이 있으며 대부분 삶이 우위를 차지한다. 그러나 기도 역시 삶에 막대한 영향력을 행사할 수 있다. 만약 기도하면서 나 자신을 하나님께 완전히 드린다면 기도로 육신과 죄의 삶을 정복할 수 있다. 삶 전체가 기도의 통제하에 들어갈 수 있다. 기도를 통해 주 예수를 초청하고 삶을 정결하고 거룩하게 하시는 성령의 은혜를 받기 때문에 기도는 전 생애를 변화시키고 새롭게 할 수 있다.

많은 사람이 영적으로 나약한 삶을 살기 때문에 스스로 노력해서 기도를 더 많이 해야 한다고 생각한다. 그들은 영적인 삶이 강해지는 것과 비례해서 기도의 삶이 더해진다는 사실을 이해하지 못한다. 기도와 삶은 불가분의 연결관계이다. 당신은 어떻게 생각하는가? 5분 동안의 기도와 온종일 이 세상의 일들에 매달리는 것 중 어떤 것이 당신에게 더 많은 영향력을 주겠는가?

당신의 기도가 응답되지 않더라도 놀라지 말라. 그 이유는 당신의 삶과 기도가 서로 충돌해서 당신의 마음이 기도하는 것보다 살아가는 것에 더 집중했다는 데서 쉽게 찾아볼 수 있다. 이 위대한 교훈을 배우라. 우리의 기도가 우리의 전 생애를 지배해야 한다. 내가 하나님께 기도로 구하는 것은 5분이나 10분 만에 결정되지 않는다. 우리는 "저는 전심으로 기도했습니다"라고 말하는 법을 배워야 한다. 하나님께 간구하는 것이 진정 온종일 나의 마음을 채워야 한다. 그러면 응답의 길이 열린다.

마음과 삶을 다스리는 기도는 얼마나 거룩하고 강력한가! 그것은 우리로 하여금 하나님과 끊임없이 교제할 수 있게 한다. 그때 우리는 다음과 같이 고백할 수 있다. "주님, 당신을 온종일 바라고 바랍니다." 이제 하나님께 기도하는 시간의 길이뿐만 아니라 우리의 기도가 전 생애를 소유할 만한 능력이 있는지도 주의 깊게 관심을 기울여야 한다.

전심으로
기도하기

우리는 경험을 통해 어떤 일을 하는 데 있어 온 마음을 다하지 않으면 좀처럼 성공하지 못한다는 사실을 알고 있다. 학생이나 선생님, 비즈니스맨, 혹은 군인을 생각해보라. 만약 그들 중 누군가가 자신의 소명에 최선을 다하지 않는다면 성공할 가능성은 낮다. 특히 거룩하신 하나님께 기도하는 높고 거룩한 임무와 항상 그분을 기쁘게 해드리는 영적인 일에서는 더욱 그러하다. 하나님이 다음의 말씀을 강조하신 것도 같은 이유에서다. "너희가 온 마음으로 나를 구하면 나를 찾을 것이요 나를 만나리라"(렘 29:13).

지금까지 수많은 하나님의 종이 "나는 전심으로 당신을 구합니다"라고 말해왔다. 그러나 사실은 그들 가운데 얼마나 많은 그리스도인이 전심으로 하나님을 찾지 않았음이 분명히 드러났는가! 그들이 죄에 빠져 고민할 때는 온 마음으로 하나님을 구하는 것처럼 보인다. 그러나 용서받았다는 생각이 들면 비록 그들의 삶이 신앙을 따르는 것처럼 보일지라도 아무도 그들에 대해 '이 사람은 자기 자신으로 하나님을 따르도록 하는 일에 전심을 다하고 있으며, 그분을 섬기는 일을 인생 최고의 것으로 알고 섬기고 있다'라고 생각하지 않을 것이다.

당신의 경우는 어떤가? 당신의 양심은 무엇이라고 말하는가? 비록 그리스도인으로서 임무를 성실하고도 열심히 완수하기 위해 전심으로 헌신하는 희생을 했다고 할지라도 다음의 사실을 인정할 필요가 있을 것이다. "확신컨대 내가 내 기도생활에 만족하지 않는 원인은 내가 전심으로 굴복하는 삶을 살지 않아 하나님과 교제에 걸림돌이 되었기 때문이다." 이는 우리의 골방 기도에서 얼마나 신중히 고려해야 할 사항이며 하나님께 그 답을 드려야 할 문제인가! 기도하지 않음은 그 자체로서 극복될 수 없다. 그것은 마음의 상태와 긴밀히 연결되어 있다. 진정한 기도는 온전한 마음에서 나온다.

그러나 나 스스로는 "하나님을 전심으로 구했다"라고 말할 수 있는 온전한 마음을 갖출 수 없다. 그렇다. 그것은 당신의 힘으로는 불가능하다. 오직 하나님만이 하실 수 있다. "내가 그들에게 나를 경외하는 마음을 줄 것이다." "내가 나의 율법을 생명의 능력으로서 그들의 마음속에 심어줄 것이다."

이러한 하나님의 약속은 우리의 갈망을 일깨운다. 그 갈망이 아무리 약할지라도 하나님이 우리에게 베푸실 일을 위해 열심히 하고자 하는 진실한 결단만 있다면 그분이 친히 우리 안에서 일하실 것이며 그 일을 이루실 것이다. 우리로 결단하게 하는 것은 내주하시는 성령의 일이다. 그분은 우리로 하여금 전심으로 하나님을 찾게 하신다.

말씀을 붙잡고
기도하기

조금 기도하고, 말씀을 조금만 보는 것은 영적인 삶에 죽음을 가져온다. 조금 기도하고, 말씀을 많이 읽으면 병든 삶이다. 말씀을 조금 읽고, 많이 기도하면 비록 생명력은 있지만 꾸준하지는 않다. 반면 매일 충분히 말씀을 읽고, 충분히 기도하면 건강하고 능력 있는 삶을 살 수 있다. 주 예수를 생각해보라. 그분은 소년 시절과 청년 시절에 마음속에 말씀을 간직해두셨다. 그분의 마음에 하나님의 말씀이 채워져 있었다는 사실은 광야에서 사탄의 시험을 받으셨을 때부터 십자가 위에서 죽음을 맞으며 "나의 하나님, 나의 하나님, 어찌하여 나를 버리셨나이까?"라고 외치셨을 때까지 모든 순간에 나타났다.

예수님은 기도생활에서 두 가지를 분명히 나타내셨다. 먼저, 말씀이 우리에게 기도할 제목을 공급하며 우리가 모든 것을 하나님으로부터 기대하도록 고무시킨다는 것을 보여주셨다. 또한 우리로 하나님의 모든 말씀이 성취되는 삶을 살 수 있게 하는 것은 오직 기도뿐임을 보여주셨다. 그렇다면 어떻게 우리가 이 단계에 도달해서 말씀과 기도가 우리에게 불가분의 영향력을 행사하게 할 수 있는가?

방법은 오직 한 가지이다. 우리의 삶이 완전히 변화되어야 한다는 것이다. 새롭고 건강한 천국의 삶을 살아감으로써 하나님의 말씀과 기도할 때 하나님이 임하시기를 간구하는 갈급함이 마치 우리가 이 땅의 삶에서 필요한 것을 구하는 것과 같이 자연스러워져야 한다. 우리 안에 육체의 모든 힘이 나타나고 영적인 약함이 드러날 때마다 우리는 하나님이 성령의 강력한 역사를 통해 새롭고 강건한 생명을 공급해주실 것이라는 믿음에 이르러야 한다.

그러므로 우리는 성령이 말씀의 영이시며 기도의 영이심을 깨달을 수밖에 없다. 그분의 말씀이 우리 영혼의 기쁨과 빛이 되게 하실 것이다. 또한 우리가 기도로 하나님의 마음과 뜻을 알고 그것으로 인해 기뻐하도록 분명히 도우실 것이다. 사역자로서 우리가 이 진리를 설명하고 하나님의 사람들로 하여금 그들에게 준비된 것을 상속받을 수 있도록 훈련하고자 한다면 지금 이 순간부터 앞으로 영원히 자기 자신을 성령의 인도하심에 맡겨야 한다.

우리는 하나님께서 우리에게 행하실 일들을 믿음으로써 그리스도를 말씀과 기도로 충만하게 하셨던 성령이, 예수님께서 이곳 세상에서 사셨던 영적인 삶을 우리 안에서도 이루실 것을 믿으며 살아야 한다. 우리 안에 거하시는 성령은 예수 그리스도의 영이시며 우리가 진실로 그분 삶의 추종자가 되도록 내주하심을 믿자. 진정으로 이 사실을 믿고 그분께 우리의 마음을 드린다면 예전에는 불가능하다고 생각했던 말씀과 기도의 생활이 가능해지는 변화가 일어날 것이다. 이것을 굳게 믿고 분명히 기대하라.

지속적으로
기도하기

　　초대교회에 한 가지 문제가 생겼다. 그러자 베드로가 말했다. "열두 사도가 모든 제자를 불러 이르되 우리가 하나님의 말씀을 제쳐 놓고 접대를 일삼는 것이 마땅하지 아니하니 형제들아 너희 가운데서 성령과 지혜가 충만하여 칭찬받는 사람 일곱을 택하라. 우리가 이 일을 그들에게 맡기고 우리는 오로지 기도하는 일과 말씀 사역에 힘쓰리라 하니"(행 6:2-4).

　　그 결과 집사가 세워졌다. 베드로의 이 말은 시대를 막론하고 성직자로 구별된 사람들을 위해 적용되었다. 언젠가 알렉산더 화이트 목사가 말했다. "나는 때때로 내 월급이 너무도 정확하고 확실하게 지급될 때, 집사들이 잘 합의해 맡은 일을 충실하게 행할 때 내가 맡은 일인 기도와 말씀 사역을 충실하게 행하고 있는지 생각해본다." 또 어떤 사역자는 말했다. "내가 기도와 말씀 사역에 시간을 딱 절반씩 균등하게 나누어서 헌신한다고 하면 사람들이 얼마나 놀라겠는가?"

　　베드로를 통해 기도를 지속한다는 것이 무엇을 의미하는지 잘 살펴보라. 그는 기도하러 지붕에 올라갔다. 거기서 기도하는 가운데 이방인들에게 사역을 지시하시는 하나님의 말씀을 들었다. 거기서 고넬료로부터 온 전갈을 받았다. 거기서 성령이 그에게 말씀하셨다. "일어나서 너를 찾는 세 사람과 함께 가라." 마침내 그는 가이사 랴에 갔으며, 성령은 그곳에서 이방인들에게 예상치 못했던 은혜를 부어주셨다. 이 모든 것은 기도를 통해 하나님이 그분의 성령의 지시를 우리에게 가르쳐주심으로써 우리로 하여금 그분의 뜻을 깨닫게 하시기 위한 것이었다. 또한 우리가 누구에게 말할지 알게 하시고, 성령이 우리를 통해 하나님의 말씀을 강하게 하는 확신을 주신다는 사실을 가르치시기 위한 것이었다.

만약 당신이 사역자라면 왜 월급을 받고 사택에 살며 직업을 가져야 한다는 필요로부터 자유로운지 생각해본 적이 있는가? 그 이유는 그럼으로써 당신이 기도와 말씀 사역을 지속할 수 있기 때문이다. 그것이 당신의 지혜이자 힘이 될 것이다. 그것이 축복된 복음 사역의 비밀이 될 것이다.

가장 중요한 일인 지속적인 기도가 그 올바른 자리, 즉 우선순위에 놓여 있지 않은 가운데 목회자나 성도가 열매 없는 영적생활을 불평하는 것은 놀랄 일이 아니다. 베드로는 성령으로 충만했기 때문에 자신 있게 말하고 행동할 수 있었다. 성령을 우리 삶의 인도자와 주로 진심으로 모시고 성령께 순종하는 것 외에 그 무엇에도 만족하지 말자. 다른 어떤 것도 우리를 도울 수 없다. 그때 비로소 우리는 "하나님이 저를 그분의 성령의 사람으로 만드셨습니다"라고 고백할 수 있다.

P·A·R·T·3

십자가와 성령만
의지하여 기도하라

성령께 자신을
온전히 맡기라

우리가 성령에 대해 생각할 때 종종 슬픔이나 자기 비난을 연상시
킨다는 사실이 슬프지 않은가? 그러나 성령은 위로자라는 이름을
감당하고 있으며, 우리가 그리스도 안에서 가장 큰 기쁨과 즐거움
을 찾을 수 있도록 인도해주신다. 더 슬픈 사실은 우리를 위로하기
위해 우리 안에 거하시는 성령께서 종종 우리가 사랑의 사역을 성
취하는 일을 그분께 맡기지 않기 때문에 탄식하신다는 것이다. 교
회조차도 기도하지 않음으로 인해 성령께 얼마나 형언할 수 없는
고통을 드리고 있는가! 성령이 우리를 인도하시도록 허락하지 않음
으로써 우리는 활기를 잃고 철저히 영적 침체에 빠지게 된다.

하나님은 우리가 성령의 사역을 묵상할 때 기쁨이 샘솟고 믿음이 강건해진다고 말씀하신다. 하나님의 성령은 '기도의 영'이시다. 스가랴 12장 10절을 보면 성령은 분명히 '은총과 간구하는 심령'이라는 이름으로 불렸다. "내가 다윗의 집과 예루살렘 주민에게 은총과 간구하는 심령을 부어주리니 그들이 그 찌른 바 그를 바라보고 그를 위하여 애통하기를 독자를 위하여 애통하듯 하며 그를 위하여 통곡하기를 장자를 위하여 통곡하듯 하리로다."

놀랍게도 바울 서신에서는 두 번이나 성령을 기도와 관련해서 언급하고 있다. "너희는 다시 무서워하는 종의 영을 받지 아니하고 양자의 영을 받았으므로 우리가 아빠 아버지라고 부르짖느니라"(롬 8:15). "너희가 아들이므로 하나님이 그 아들의 영을 우리 마음 가운데 보내사 아빠 아버지라 부르게 하셨느니라"(갈 4:6).

'아빠 아버지'라는 말을 묵상해본 적이 있는가? 우리 주님은 바로 그 이름에 자신의 생명과 사랑을 헌신하셨고 온전히 굴복해서 아버지께 가장 위대한 기도를 올려드렸다. 성령은 우리가 그리스도인으로서 삶을 시작한 그 순간부터 어린아이 같은 믿음과 순종으로 그 표현을 할 수 있도록 가르쳐주시는 것을 목적으로 주어졌다. 말씀 가운데 우리는 "우리가 부르짖느니라" 혹은 "그가 부르짖는다"라는 구절을 읽게 된다. 인간과 신이 기도로 얼마나 멋지게 조화된 모습인가! 어린아이가 이 세상의 아버지께 하듯이 우리가 '아빠 아버지'라고 부를 수 있는 것은 기도를 자연스럽고 효과적으로 만들기 위한 하나님의 최고의 노력을 보여주는 증거이다.

이처럼 하나님이 노력하셨음에도 불구하고 교회 안에서 기도가 하나의 일이자 짐으로 여겨진다면 우리가 성령을 이방인으로 취급한다는 증거가 아닌가? 우리에게 기도를 가르치시기 위해 하나님이 보내신 신령한 교사를 무시하고 불순종했다는 사실이 기도하지 않는 죄의 깊은 뿌리임을 깨닫게 하지 않는가?

탄식함으로 우리의 기도를 돕는 성령

이 사실을 더욱 명확하게 이해하고 싶다면 로마서 8장 26 ~27절을 보라. "이와 같이 성령도 우리의 연약함을 도우시나니 우리는 마땅히 기도할 바를 알지 못하나 오직 성령이 말할 수 없는 탄식으로 우리를 위하여 친히 간구하시느니라. 마음을 살피시는 이가 성령의 생각을 아시나니 이는 성령이 하나님의 뜻대로 성도를 위하여 간구하심이니라."

분명하지 않은가? 그리스도인이 스스로 방치해버리면 기도하는 방법도, 어떻게 기도해야 할지도 모르게 된다. 그러나 하나님은 우리를 만나기 위해 허리를 굽히시고 성령을 보내주셔서 무력함 가운데 있는 우리를 위해 간구하게 하셨다. 성령의 역사는 우리의 생각이나 감정보다 더욱 심오하지만 하나님에 의해 인정되고 응답된다.

그러므로 우리가 먼저 해야 할 일은 무지한 기도가 아니다. 많은 말과 생각도 아니다. 오직 성령의 거룩한 역사가 우리 안에서 실행되고 있다는 확신으로 하나님의 임재 앞에 나아가는 것이다. 이 확신은 경외감과 평온함을 더할 뿐 아니라 우리로 하여금 성령이 주시는 도움에 의존해 모든 갈망과 마음의 소원을 하나님 앞에 내려놓도록 해준다.

모든 기도의 최고 교훈은 당신 스스로 성령의 인도하심에 맡기고 온전히 의지한 채 그분을 가장 우선순위에 두는 것이다. 당신의 기도는 성령을 통해 상상하지도 못할 만큼의 가치를 갖게 될 것이다. 그분을 통해 그리스도의 이름으로 당신의 소원을 말할 수 있는 법을 배우게 될 것이다.

이 믿음은 우리가 기도의 자리에서 무감각과 실망에 맞설 수 있는 엄청난 보호 장치가 된다. 생각해보라! 모든 기도에서 삼위일체의 하나님이 그 역할을 감당하신다. 성부 하나님은 우리의 기도를 들으시고, 성자 하나님의 이름으로 기도하고, 성령 하나님은 내주하셔서 우리를 위해 기도하신다. 그러므로 우리가 성령과 올바른 관계를 갖고 그분의 사역을 이해하는 것이 매우 중요하다. 성령의 사역에 관한 다음 사항들을 진지하게 묵상해보라.

첫째, 하나님 아들의 영, 성령이 우리 안에 거하신다는 신성한 사실을 굳게 믿자. 당신이 이미 알고 있는 사실이며 재고해 볼 필요도 없다고 넘겨짚지 말라. 이것은 매우 위대하고 신령한 사실이기에 우리의 마음 문을 열 수 있고 오직 성령에 의해 이를 계속 마음속에 간직할 수 있다. "성령은 우리 영의 증인 역할을 감당하신다." 우리의 본분은 우리가 성령의 전이며 성령이 거하셔서 영혼과 육체를 다스리신다는 믿음의 완전한 확신 가운데 있는 것이다. 기도할 때마다 기도를 가르치시는 성령이 우리 안에 거하신다는 사실에 진심으로 감사하자. 감사는 우리의 마음을 하나님께로 이끌고 주님과 계속 연합한 가운데 있게 할 것이다.

우리가 영원한 하나님과 교제를 하면서 아버지와 아들을 나타내시는 하나님의 영을 별개로 생각한다면 기도가 너무 무겁게 느껴지고, 마침내 기도하지 않게 되는 것이 당연하다.

둘째, 성령이 내주하시고 역사하심을 확신하는 가운데 믿음을 실행으로 옮길 때 그분이 우리 안에서 성취하고자 하시는 모든 일을 분명히 이해하게 된다. 성령의 기도 사역은 그분의 다른 사역과도 긴밀히 연결되어 있다. 이미 우리는 성령의 가장 우선적이고도 위대한 사역이 그리스도의 무소부재한 사랑과 능력을 나타내는 일임을 알아보았다. 그렇기에 성령은 우리가 기도할 때 그 기도가 상달되고 있음을 분명히 보여주는 근거로 그리스도와 그분의 보혈과 이름을 지속해서 깨닫게 하신다.

성령은 성결의 영으로서 우리로 죄를 깨닫고 미워하고 죄와 결별하도록 인도하실 것이다. 성령은 빛과 지혜의 영으로 우리를 하나님의 넘치는 은혜의 기쁜 비밀로 이끌어주신다. 또한 성령은 사랑과 능력의 영으로 우리로 그리스도의 증인이 되도록 가르치시며 영혼들을 위해 온화한 연민으로 일하게 하신다. 우리가 이 모든 축복을 성령과 함께 더 가까이 공유할 때마다 그분의 신성을 더 많이 확신하게 될 것이며, 기도에 헌신해서 우리 자신을 그분의 인도하심에 더 많이 맡길 준비가 될 것이다. 성령을 기도의 영으로 깨달을 때 나의 삶은 얼마나 달라질 것인가! 우리는 바로 다음의 사실을 지속해서 깨달을 필요가 있다.

셋째, 성령은 나의 삶을 온전히 소유하기를 원하신다. 우리는 성령의 더 많은 임재를 위해 기도해야 한다. 성령이 나를 더 많이 원하신다는 사실을 확신하기 위해 충분히 기도해야 한다. 성령은 나를 완전히 소유하고자 하신다. 나의 영혼이 거하고 섬길 장소로 내 몸 전체를 소유하려 하듯 성령도 거할 장소로 내 온몸과 영혼을 완전히 그분의 지배 아래에 두기를 원하신다. 성령이 우리를 전에 전혀 알지 못했던 완전히 새로운 성화의 자리로 온화하게 인도하고 계신다는 사실을 지각하기 전까지 그 누구도 오랫동안 열정적인 기도를 지속할 수 없다.

"나는 온 마음을 다해 당신을 구합니다." 성령은 이 신조를 점점 더 우리 삶의 신조로 만드실 것이다. 그분은 우리가 두 마음으로 지내는 것이 사실상 죄임을 인식하게 하실 것이다. 성령은 우리의 모든 죄를 사하시는 전능한 구원자로서 그리스도께서 항상 우리 가까이 계신다는 사실을 나타내실 것이다. 그분은 기도를 통해 그렇게 인도하실 것이다. 성령은 우리 자신을 잊어버리도록 도와주실 것이다.

하나님은 이 모든 계획을 실행에 옮기시고, 그 교회의 원수를 보복하도록 밤낮으로 부르짖는 일을 맡을 만한 중보자로서 우리가 훈련되는 일에 헌신하게 하실 것이다. 하나님은 우리가 성령을 알고 성령을 기도의 영으로 경외하도록 도우실 것이다!

육적인가,
영적인가?

당신은 육에 속한 사람인가, 영에 속한 그리스도인인가?
이 두 가지 상태는 커다란 차이가 있지만 이것을 이해하거나 신중
하게 생각하는 사람은 그리 많지 않다. 성령을 따라 걸으며 육체를
십자가에 못 박은 그리스도인들은 영적이다. "그리스도 예수의 사
람들은 육체와 함께 그 정욕과 탐심을 십자가에 못 박았느니라"(갈
5:24). 반대로 육신을 따라 걸으며 육체를 기쁘게 하려는 그리스도
인들은 육적이다. "오직 주 예수 그리스도로 옷 입고 정욕을 위하여
육신의 일을 도모하지 말라"(롬 13:14). 성령으로 시작했던 갈라디
아 교인들은 육체로 마치려고 했다. 그러나 그들 가운데 몇몇 영적
인 사람들은 곁길로 나간 데에서 돌아와 성령께 순종했다.

육적인 그리스도인과 영적인 그리스도인 사이에는 얼마나 큰 차
이가 있는가? "형제들아 내가 신령한 자들을 대함과 같이 너희에게
말할 수 없어서 육신에 속한 자 곧 그리스도 안에서 어린아이들을
대함과 같이 하노라. 내가 너희를 젖으로 먹이고 밥으로 아니하였
노니 이는 너희가 감당하지 못하였음이거니와 지금도 못하리라. 너
희는 아직도 육신에 속한 자로다. 너희 가운데 시기와 분쟁이 있으
니 어찌 육신에 속하여 사람을 따라 행함이 아니리요"(고전 3:1-3).

육적인 그리스도인에게도 많은 신앙심과 하나님과 하나님을 섬

김에 대한 열심이 있다. 그러나 대부분 인간적인 힘으로 행한다. 반면 영적인 그리스도인은 성령의 인도하심에 자신을 완전히 복종시키고 자신의 연약함을 깊이 깨닫고 주님의 사역에 전적으로 의존한다. 성령에 의해 인도되며 예수님과 동행하는 삶이다.

자신의 삶이 하나님 앞에서 영적인지 육적인지 돌아보고 솔직하게 인정하는 것이 얼마나 중요한지 모른다! 교리에 매우 충실하고 의욕적으로 교회를 섬기는 성도일지라도 인간적인 지혜와 열정의 힘에 의존할 수 있다. 이 같은 삶의 한 가지 특징은 기도를 통한 그리스도와 교제에 기쁨이나 지속성이 거의 없다는 것이다.

육적인 그리스도인이 영적인 그리스도인이 되기 위해서는 얼마나 큰 변화가 필요한가! 처음에 그는 변화되기 위해 무엇이 필요한지, 혹은 어떻게 변화가 일어날 수 있는지조차 이해하지 못한다. 그러나 진리가 그에게 비치면 비칠수록 하나님이 일하시지 않으면 변화될 수 없다는 사실을 더욱 확신하게 된다. 하나님이 그 일을 이루실 것을 진정으로 믿기 위해서는 무엇보다 열심 있는 기도가 필요하다. 자기 자신에 대한 신뢰를 버림과 동시에 묵상과 조용하고 구별된 장소가 반드시 필요하다. 이 길을 따르면 하나님이 하실 수 있으며, 그렇게 하고자 하시며, 그렇게 하실 것이라는 믿음이 반드시 온다. 주 예수께 굳게 매달린 영혼은 이 믿음으로 말미암아 성령의 인도하심을 받을 것이다.

당신은 다른 사람들에게 다음과 같이 말할 수 있는가? "형제들아 내가 신령한 자들을 대함과 같이 너희에게 말할 수 없어서 육신에 속한 자 곧 그리스도 안에서 어린아이들을 대함과 같이 하노라"(고전 3:1). 만약 당신이 육적인 상태에서 영적인 상태로 변화된 경험이 없다면 그것은 불가능하다. 그러나 하나님이 가르쳐주실 것이다.

그러므로 구속받은 하나님의 자녀는 아버지의 사랑과 그리스도의 은혜와 이 땅에 임한 성령의 강력한 역사가 다른 사람들에게도 흘러가게 할 통로가 되어야 한다.

첫째, 하나님은 순수한 사랑과 축복을 주시는 영원토록 흐르는 샘물이시다.

둘째, 그리스도는 하나님의 완전하심이 은혜로 나타나는, 우리를 향해 열려 있는 저수지이시다.

셋째, 성령은 하나님과 어린 양의 보좌로부터 흐르는 생수의 물줄기이시다.

넷째, 구속받은 하나님의 자녀는 아버지의 사랑과 그리스도의 은혜와 이 땅에 임한 성령의 강력한 역사가 다른 사람들에게도 흘러가게 할 통로이다.

다섯째, 이 모든 것을 통해 우리는 하나님이 그분의 은혜를 분배할 자 가운데 우리를 포함하신 놀라운 파트너십을 분명한 그림처럼 보게 된다. 우리가 대부분 자신을 위해 기도하는 것은 기도의 삶에서 시작에 불과하다. 진정한 기도의 영광은 우리가 아직 어둠 가운데 있는 영혼들에게 그리스도의 은혜를 전해주는 중보 기도자가 지녀야 할 능력과 성령의 활력을 가질 때 나타난다.

여섯째, 그 통로가 저수지에 더 가깝게 연결될수록 더 확실하고 막힘없이 물이 흐르게 될 것이다. 우리가 그리스도와 그분에게서 나오는 성령으로 충만한 기도에 몰두할수록, 그분과 교제를 더 굳건하게 가질수록 우리의 삶은 더 확실하게 행복해지고 강건해질 것이다. 그러나 이것은 여전히 현실적인 준비일 뿐이다. 우리가 삼위일체의 하나님과 교제하고 대화하는 시간을 더 많이 가질수록 다른 영혼과 사역자들과 교회를 축복하는 기도의 능력과 용기를 더 빨리 받게 된다.

일곱째, 우리는 마른 땅에 있는 목마른 영혼들에게 물을 흘려보낼 수 있는 열린 통로이다. 그러므로 우리는 성령의 역동적인 사역의 도구가 되기 위해 자신을 아낌없이 하나님께 드려야 한다.

여덟째, 만약 그렇지 않다면 당신이 기도할 때 자기만을 생각했고, 기도의 능력을 별로 경험하지 않았기 때문이다. 주 예수 안에 들어와서 기도하는 새로운 기도의 삶은 당신이 주위의 영혼들을 주께로 인도하기 위해 기도에 힘쓰는 중보 기도자로 설 때만이 유지되고 강해질 수 있다는 사실을 깨닫기 바란다. 하나님은 사랑과 축복의 영원한 샘물이시며, 그분의 자녀인 우리는 날마다 성령과 생명을 이 땅에 흐르게 하는 살아 있는 통로이다.

그러므로 우리는 날마다 성령을 근심하게 한 죄에 대한 깊은 고백이 있어야 한다. 어린아이처럼 순진하게 주님이 우리 안에서 변화를 일으키실 것이라는 분명한 믿음으로 그분의 인도하심을 따라야 한다. 쉼 없는 기도로 주 예수와 날마다 교제해야 한다. 주님은 우리에게 생수의 강같이 성령을 부어주실 것이다.

십자가의 마음을 품고 기도하라

때때로 우리는 사역에 더 많은 힘을 공급받기 위한 목적으로, 삶 속에서 더 사랑하며 살기 위해, 더욱 거룩한 마음을 가지려고, 또는 성경 공부나 인생의 행로에 빛이 비치게 하려고 성령의 역사를 구한다. 그러나 이 모든 선물은 하나님의 위대한 목적에 부속된 것일 뿐이다. 성부 하나님은 성자에게 성령을 부어주셨고, 성자는 우리에게 예수 그리스도를 드러내고 영화롭게 하라는 한 가지 목적을 위해 성령을 주셨다.

거룩하신 그리스도는 우리에게 항상 동행하시고 내주하시는 진실로 살아 계신 인격체가 되셔야 한다. 이 땅에서 우리의 삶은 날마다 하늘에 계신 주 예수와 지속적이고 거룩한 교제 안에서 살아야 한다. 이것이 믿는 자들에게 임하는 성령 최초의, 그리고 최고의 사역이어야 한다. 우리의 삶 속에서 그리스도의 삶을 알고 경험하게 하는 것이어야 한다. 하나님은 우리의 속사람이 그분 성령의 능력으로 강건해져서 믿음으로 그리스도께서 우리에게 내주하시고, 하나님의 모든 사랑의 충만함으로 채워지게 하기를 원하신다.

겸손과 순종의
십자가

　　이것이야말로 최초의 제자들이 가졌던 기쁨의 비밀이었다. 그들은 부활하신 그리스도께서 마음속에 임하셨을 때 잃어버렸다고 생각하여 두려워했던 주 예수를 다시 얻었다. 그리고 이것은 오순절을 위한 그들의 준비였다. 그들의 관심은 전적으로 그리스도와 동행하는 것이었다. 말 그대로 주님은 그들의 전부였다. 그들의 마음은 무엇으로도 채울 수 없어 텅 비어 있었고 오직 성령이 그들을 그리스도로 채우셔야 했다. 그들은 성령 충만함을 받아 주님이 원하셨던 대로 삶과 사역에 힘을 얻었다. 바로 이것이 우리의 소망과 기도와 경험의 위대한 목적이 아닌가! 주님은 우리가 그토록 얻고자 애쓰며 기도하는 축복이 날마다 기도의 방에서 그리스도와 친밀한 교제를 충실하게 계속하는 것 외에 다른 무엇으로도 얻을 수 있거나 더해지지 않음을 우리에게 가르쳐주셨다.

　　그러나 우리는 여전히 오순절에 관한 더 깊은 비밀이 남아 있는 것같이 생각한다. 이것은 아마도 하늘에 계신 주 예수에 대한 우리의 생각이 너무 편협하므로 생겨났을 것이다. 우리는 하나님의 찬란한 영광의 보좌에 계신 예수님을 생각한다. 우리는 또한 예수님이 자기 자신을 내주시게 한 헤아릴 수 없는 사랑을 생각한다.

　　그러나 무엇보다 그분이 이 땅에서 십자가에 못 박히신 분으로 알려졌다는 사실을 너무 쉽게 잊어버린다. 하나님의 보좌에 오르신 분은 십자가에 못 박혀 죽으셨던 자이다. "내가 또 보니 보좌와 네 생물과 장로들 사이에 한 어린 양이 서 있는데 일찍이 죽임을 당한 것 같더라. 그에게 일곱 뿔과 일곱 눈이 있으니 이 눈들은 온 땅에 보내심을 받은 하나님의 일곱 영이더라"(계 5:6).

십자가에 못 박히신 자로서 그분은 하나님의 영원한 기쁨과 모든 피조물의 경배의 대상이다. 그러므로 우리는 이 땅에서 십자가에서 죽으신 자로서 예수님을 알고 경험해야 한다. 우리는 사람들로 하여금 그분과 우리의 속성이 어떻게 다른지, 그들을 구원의 참여자가 되게 하는 힘이 무엇인지 깨닫게 해야 한다.

우리는 십자가가 그리스도의 최고의 영광이라고 생각한다. 예수 그리스도께서 영원하신 성령으로 말미암아 흠 없는 자신을 하나님께 드린 것보다 더 영광스러운 일을 성령은 하셨던 적도, 하실 수도 없다. "하물며 영원하신 성령으로 말미암아 흠 없는 자기를 하나님께 드린 그리스도의 피가 어찌 너희 양심을 죽은 행실에서 깨끗하게 하고 살아 계신 하나님을 섬기게 하지 못하겠느냐"(히 9:14).

성령의 가장 위대하고 영광스러운 일은 우리를 십자가와 만나는 자리로 데려가시고, 예수 그리스도 안에 나타난 그 십자가의 영으로 우리 안에서 일하시는 것이다.

질문이 연이어 떠오른다. "이것이 바로 성령의 거룩한 역사를 위한 우리의 기도가 응답될 수 없는 진짜 이유가 아닌가?" "우리는 십자가에서 영광을 받으신 그리스도를 알게 하고 그와 같이 되도록 도우시는 성령을 받는 것에 너무 소홀하지 않았나?" "이것이 오순절의 가장 깊은 비밀이 아닌가?"

성령은 그리스도께서 자신을 굳건히 하나님께 드렸던 장소인 십자가로부터 우리에게 임하신다. 성령은 그리스도의 복종에 대한 최고의 증거로 나타난 겸손과 순종과 희생을 말할 수 없이 기뻐하며 바라보셨던 아버지에게서 오신다. 성령은 십자가를 통과하고 아버지에게서 그 영의 충만을 받아 이 세상에 나누어주시려는 그리스도에게서 오신다. 성령은 우리의 마음속에 보좌 가운데에서 죽임당한 어린 양 그리스도를 드러내고 우리로 하여금 천국의 천사들처럼 이 땅에서 예수님을 경배하게 하려고 오신다.

무엇보다 성령은 우리에게 죽임당한 그리스도의 생명을 나누어주셔서 우리가 진실되게 "내가 그리스도와 함께 십자가에 못 박혔나니 그런즉 이제는 내가 사는 것이 아니요 오직 내 안에 그리스도께서 사시는 것이라. 이제 내가 육체 가운데 사는 것은 나를 사랑하사 나를 위하여 자기 자신을 버리신 하나님의 아들을 믿는 믿음 안에서 사는 것이라"(갈 2:20)고 고백할 수 있게 하신다. 우리는 어떤 방법으로든 이 비밀을 이해하기 위해 먼저 십자가의 의미와 가치를 묵상해야 한다.

그리스도의
순종

    우리는 반드시 두 가지 측면에서 십자가를 바라보아야 한다. 첫 번째는 십자가가 성취해낸 일, 바로 죄의 용서와 정복이다. 이것은 십자가가 죄인들에게 주는 첫 번째 메시지다. 이것은 죄인에게 죄의 권세로부터 자유와 완전한 구원을 선포한다.

    두 번째는 십자가에서 나타난 정신, 혹은 마음이다. 이것을 잘 표현한 것이 빌립보서 2장 8절 말씀이다. "사람의 모양으로 나타나사 자기를 낮추시고 죽기까지 복종하셨으니 곧 십자가에 죽으심이라." 여기서 우리는 인간의 죄와 저주라는 짐 아래 있는 가장 밑바닥까지 자신을 낮추신 예수님의 겸손함을 볼 수 있다. 또한 하나님의 모든 뜻에 따른 최고의 순종과 십자가에서 죽기까지 한 희생 등 이 세 가지는 모두 예수님의 인성과 사역의 완벽한 조화를 보여준다.

    그로 인해 하나님이 그를 지극히 높이셨다. 예수님을 아버지의 기쁨과 천사들의 경배와 모든 구속받은 자의 사랑과 신뢰의 대상이 되게 한 것은 바로 십자가의 정신이었다. 그리스도의 이 지극한 겸손과 죽기까지 하나님의 뜻을 따른 순종, 십자가의 죽음으로 이끈 자기희생 등은 그분을 '일찍이 죽임을 당한 하나님의 어린 양으로 보좌 가운데 서 계신 분'으로 만들었다.

    이처럼 그리스도께서 이루신 모든 일은 우리를 위한 것이었으며,

우리 안에 거하시기 위한 것이었다. 십자가 정신은 그분의 축복과 영광이었다. 무엇보다 우리에게도 그러해야 한다. 그리스도는 우리에게 그분의 형상을 이루기를 원하셨고 그분이 가진 모든 것을 나눠주고자 하셨다.

우리가 자주 인용하는 바울의 글을 보자. "너희 안에 이 마음을 품으라. 곧 그리스도 예수의 마음이니"(빌 2:5). 또한 바울은 이렇게 말한다. "누가 주의 마음을 알아서 주를 가르치겠느냐. 그러나 우리가 그리스도의 마음을 가졌느니라"(고전 2:16). 십자가에 참여하는 것은 우리의 거룩한 의무일 뿐만 아니라 약속에 따라 우리에게 성령을 부어주시는 말할 수 없이 복된 특권이다. "그가 내 것을 가지고 너희에게 알리시리라.""그가 나를 영화롭게 하리라." 성령은 그리스도 안에 이 마음을 주셨으며 우리에게도 그렇게 하실 것이다.

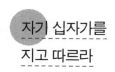

자기 십자가를
지고 따르라

주님이 제자들에게 자신을 따라오려면 십자가를 져야 한다고 말씀하셨을 때 제자들은 그 뜻을 이해하지 못했다. 주님은 제자들이 이를 진지하게 생각하도록 일깨우기 원하셨기 때문에 그들에게 자신이 십자가를 지는 모습을 볼 수 있는 시간을 주셨다. 주님은 세례받는 자리에 기꺼이 가심으로써 죄인 중의 하나로 헤아림을 받았던 요단에서부터 항상 마음속에 십자가를 지고 계셨다. 다시 말해 그분은 죄로 인해 자신에게 떠맡겨진 죽음이라는 형벌을 항상 의식하고 계셨으며 마지막까지 그것을 견디셨다.

제자들이 이것에 관해 생각하면서 주님이 무슨 뜻으로 그런 말씀을 하셨는지 의아해했을 때 오직 한 가지만이 그들의 깨달음에 도움이 되었다. 그것은 사형의 형벌이 선고되어 정해진 장소까지 자신의 십자가를 지고 가야 하는 한 남자의 모습이었다.

그리스도께서는 동시에 이렇게 말씀하셨다. "자기의 목숨을 잃는 자는 얻을 것이다"(마 10:39 참조). 예수님은 제자들에게 자신의 목숨을 미워해야 한다고 가르치셨다. 그들의 본성이 너무나 악하므로 죽음만이 그들이 원하는 바를 채울 수 있었다. 죽음 외에는 그 값을 감당할 수가 없었다.

점차 그들에게 십자가를 져야 한다는 의미가 가까이 다가오기 시작했다. "내 인생은 죽음이라는 형벌 아래 있으며, 이 형벌을 의식할 때만이 나는 내 육체, 내 죄악 된 본성을 지속해서 죽음에 굴복시킬 수 있다는 생각이 들게 되었다."

마침내 제자들은 그리스도께서 짊어지신 십자가만이 죄에서 구원하는 유일한 능력이며, 먼저 그분으로부터 십자가의 정신을 이어받아야 한다는 사실을 깨닫게 되었다. 그들은 자신의 나약함과 무가치함 가운데 자기 자신을 낮춘다는 것과 위대한 일이든 사소한 일이든 모든 것에 제 뜻을 십자가에 못 박는 순종이 무엇인지 배워야 했다. 또 육체나 세상을 기쁘게 하지 않는 자기 부인이 무엇을 의미하는지 배워야 했다.

"자기 십자가를 지고 나를 따라오라." 이것은 예수님이 제자들을 위해 그분의 마음과 성품이 제자들의 것이 되게 하고, 그분의 십자가 역시 그들의 것이 되게 하려고 준비하셨던 말씀이다.

또한 예수님이 십자가에 오르는 것과 자신의 생명을 버리는 것에 관해 하신 말씀을 통해 제자들에게 가르쳐주고 싶으셨던 교훈은 그리스도께서 십자가에서 죽은 후 높이 올림을 받고 성령이 부어진 후에 기록된 사도 바울의 말을 통해 알 수 있다. "내가 그리스도와 함께 십자가에 못 박혔나니 그런즉 이제는 내가 사는 것이 아니요 오직 내 안에 그리스도께서 사시는 것이라. 이제 내가 육체 가운데 사는 것은 나를 사랑하사 나를 위하여 자기 자신을 버리신 하나님의 아들을 믿는 믿음 안에서 사는 것이라"(갈 2:20). "그러나 내게는 우리 주 예수 그리스도의 십자가 외에 결코 자랑할 것이 없으니 그리스도로 말미암아 세상이 나를 대하여 십자가에 못 박히고 내가 또한 세상을 대하여 그러하니라"(갈 6:14).

바울은 모든 믿는 자가 그리스도와 함께 십자가에 못 박혔음을 증명하는 삶을 살기 원했다. 바울은 우리의 마음속에 거하려고 오신 그리스도는 십자가에 못 박힌 그리스도이시며, 그분의 생명을 통해 친히 우리에게 진정한 십자가의 정신을 주실 것임을 이해하기 바랐다. 그래서 그는 "우리 옛사람이 주와 함께 십자가에 못 박혔다. 그리스도의 사람은 육체를 십자가에 못 박았다"라고 말했다.

십자가에 못 박힌 그리스도를 믿음으로 영접할 때 그들은 육체를 죽음에 내준 것이다. 그 육체는 갈보리에서 완전하게 사형에 처했다. 바울은 말했다. "만일 우리가 그의 죽으심과 같은 모양으로 연합한 자가 되었으면 또한 그의 부활과 같은 모양으로 연합한 자도 되리라"(롬 6:5). 그러므로 우리는 그리스도 안에서 우리가 죄에 대해 죽었음을 늘 기억해야 한다.

바울을 통한 성령의 이 말씀은 우리에게 우리가 지속해서 십자가와 연합함으로써 십자가에 못 박히시고 살아나신 주 예수 그리스도와 교제 안에서 그분과 동행해야 한다고 가르친다. 십자가의 보호와 보살핌과 구원으로 영원히 사는 것은 영혼이며, 그것만이 우리가 영원토록 예수 그리스도와 동행하는 것을 기대할 수 있게 한다.

하지만 많은 사람은 구원에 관한 그들의 소망을 십자가에서의 구속에 두면서도 십자가와 연합에 관해서는 잘 이해하지 못한다. 그들은 십자가가 그들에게 준 것들, 즉 죄의 용서와 하나님과 화평에 의존하는 것 같지만 사실은 주님과 교제가 없이도 오랫동안 살아갈 수 있다. 그들은 '보좌 가운데 계신 어린 양'으로 하늘에 계실 뿐 아니라 십자가에서 죽으신 주님과 마음으로 연합하기 위해 날마다 싸우는 것이 무슨 뜻인지를 알지 못한다.

만약 보좌에 계신 주님에 대한 비전이 우리에게 영적인 능력을 공급하고, 보좌에 어린 양이 있는 것이 분명하듯 이곳에도 분명히 계시는 그분의 능력을 우리가 날마다 실제로 소유하고 분명히 경험할 수 있다면 얼마나 좋겠는가!

그것이 가능할까? 의심할 여지 없이 그렇다. 그 위대한 기적이 왜 일어났는가? '보좌에 서 있는 일찍이 죽임을 당한 어린 양'이신 영광받으신 예수님이 우리와 함께 이 땅 어디에든 거하시게 하려함이 아니었다면 왜 하늘로부터 성령이 임했겠는가? 앞으로 묵상을 통해 이것을 더욱 분명히 깨닫도록 노력하자.

십자가와 성령으로
세상을 이기라

"그리스도 예수의 사람들은 육체와 함께 그 정욕과 탐심을 십자가에 못 박았느니라. 만일 우리가 성령으로 살면 또한 성령으로 행할지니"(갈 5:24-25).

성령은 항상 우리를 십자가로 이끄신다. 그리스도께도 마찬가지였다. 성령이 예수님을 가르치셨고, 예수님으로 하여금 자기 자신을 흠 없이 하나님께 드리게 하셨다. 제자들에게도 마찬가지였다. 그들에게 충만한 성령은 십자가에서 죽은 이가 바로 그리스도라고 전하게 하셨다. 후에 제자들이 그리스도를 위해 고난받을 각오가 되었을 때 성령은 그들을 십자가와 연합이라는 영광의 자리로 인도하셨다.

우리를 십자가로 이끄시는 성령

그리고 십자가는 그들을 다시 성령으로 이끌었다. 십자가에 못 박히셨던 주님 앞에 3천 명이 무릎을 꿇었을 때 그들은 성령의 약속을 받았다. 제자들이 십자가와 연합한 경험을 즐거워했을 때 그들은 성령을 새롭게 받았다. 성령과 십자가의 연합은 분리될 수 없다. 이 둘은 불가분의 관계로 서로에게 속해 있다. 특히 바울서신에서 이 사실을 보게 된다.

"어리석도다. 갈라디아 사람들아 예수 그리스도께서 십자가에 못 박히신 것이 너희 눈앞에 밝히 보이거늘 누가 너희를 꾀더냐. 내가 너희에게서 다만 이것을 알려 하노니 너희가 성령을 받은 것이 율법의 행위로냐 혹은 듣고 믿음으로냐"(갈 3:1-2).

"그리스도께서 우리를 위하여 저주를 받은 바 되사 율법의 저주에서 우리를 속량하셨으니 기록된 바 나무에 달린 자마다 저주 아래에 있는 자라 하였음이라. 이는 그리스도 예수 안에서 아브라함의 복이 이방인에게 미치게 하고 또 우리로 하여금 믿음으로 말미암아 성령의 약속을 받게 하려 함이라"(갈 3:13-14).

"때가 차매 하나님이 그 아들을 보내사 여자에게서 나게 하시고 율법 아래에 나게 하신 것은 율법 아래에 있는 자들을 속량하시고 우리로 아들의 명분을 얻게 하려 하심이라. 너희가 아들이므로 하나님이 그 아들의 영을 우리 마음 가운데 보내사 아빠 아버지라 부르게 하셨느니라"(갈 4:4-6).

"그러므로 내 형제들아 너희도 그리스도의 몸으로 말미암아 율법에 대하여 죽임을 당하였으니 이는 다른 이 곧 죽은 자 가운데서 살아나신 이에게 가서 우리가 하나님을 위하여 열매를 맺게 하려 함이라. 우리가 육신에 있을 때에는 율법으로 말미암는 죄의 정욕이 우리 지체 중에 역사하여 우리로 사망을 위하여 열매를 맺게 하였더니 이제는 우리가 얽매였던 것에 대하여 죽었으므로 율법에서 벗어났으니 이러므로 우리가 영의 새로운 것으로 섬길 것이요 율법 조문의 묵은 것으로 아니할지니라"(롬 7:4-6).

"이는 그리스도 예수 안에 있는 생명의 성령의 법이 죄와 사망의 법에서 너를 해방하였음이라. 율법이 육신으로 말미암아 연약하여 할 수 없는 그것을 하나님은 하시나니 곧 죄로 말미암아 자기 아들을 죄 있는 육신의 모양으로 보내어 육신에 죄를 정하사 육신을 따르지 않고 그 영을 따라 행하는 우리에게 율법의 요구가 이루어지게 하려 하심이니라"(롬 8:2-4).

성령과 십자가는 항상, 그리고 모든 일에 나뉘지 않는다. 천국에서도 마찬가지다. "내가 또 보니 보좌와 네 생물과 장로들 사이에 한 어린 양이 서 있는데 일찍이 죽임을 당한 것 같더라. 그에게 일곱 뿔과 일곱 눈이 있으니 이 눈들은 온 땅에 보내심을 받은 하나님의 일곱 영이더라"(계 5:6). 성경은 계속해서 기록하고 있다. "또 그가 수정같이 맑은 생명수의 강(이것이 곧 성령이 아닌가!)을 내게 보이니 하나님과 및 어린 양의 보좌로부터 나와서"(계 22:1). 모세가 반석을 내리쳤을 때 물이 흘러나왔고, 그 물을 이스라엘 민족이 마셨다. 반석이신 그리스도께서 말 그대로 죽음에 내쳐지고 죽임당한 어린 양으로서 하나님의 보좌에 앉으셨을 때 온 세상을 위한 성령의 충만함이 보좌 밑에서 흘러나왔다.

우리가 먼저 십자가의 온전한 능력 아래 거하지 않고 성령의 충만을 위해 기도하는 것은 얼마나 어리석은가! 120명의 제자를 생각해 보라. 그리스도의 십자가에 못 박히심이 그들의 마음을 감동시키고 온전히 소유했다. 그들은 다른 어떤 것도 생각하거나 말할 수 없었다. 십자가에서 죽으셨던 분은 제자들에게 그 손과 발을 보여주시며 그들에게 말씀하셨다. "성령을 받으라!" 또한 하늘로 올리신 십자가에 못 박히셨던 그리스도로 충만했던 그들의 마음은 성령을 받을 준비가 되어 있었다. 그들은 사람들에게 담대히 외쳤다. "회개하고 십자가에 못 박히신 자를 믿으라!" 그러자 그들도 성령을 받았다.

그리스도께서는 자신을 완전히 십자가에 내주셨다. 제자들도 그렇게 했다. 십자가는 또한 우리에게도 이것을 요구하고 우리의 전 생애를 소유하기를 원한다. 이 명령에 응하기 위해서 우리에게 요구되는 것은 강력한 의지의 행동이다. 또한 연약함 가운데 자기 자신을 주저 없이 헌신하는 사람들에게 확정된 하나님의 강력한 역사가 필요하다.

십자가와 육체는
치명적인 원수

     십자가는 육체를 십자가에 못 박기 원하고 그것을 명한다. 육체는 십자가를 뒤로하고 물리치기를 원한다. 많은 사람이 성령의 충만함을 받기 위한 준비로 십자가를 경험해야 한다고 들을 때 자신 안에 십자가에 못 박혀야 하는 무언가가 거하고 있다는 사실을 깨닫게 될 것이다. 우리는 인간의 모든 본성이 죽음의 형벌을 받았으며 십자가에서 죽어야만 그리스도 안에 있는 새로운 생명이 우리를 지배할 수 있음을 깨달아야 한다. 인간 본성의 타락한 상태와 그것이 하나님을 대적한다는 사실을 간파해야만 우리가 육체로부터 자유로워지기를 원할 뿐 아니라 완전히 자유로워질 수 있다.

  우리는 바울처럼 말할 수 있어야 한다. "내 속 곧 내 육체에 선한 것이 거하지 않는다." "육체의 생각은 하나님과 원수가 되게 한다. 그것은 하나님의 법에 굴복하지도 않고 그렇게 될 수도 없다." 육체의 본질은 하나님과 그분의 거룩한 법을 미워하는 것이다. 구원이 놀라운 것은 그리스도께서 하나님이 육체에 정하셨던 심판과 저주를 십자가에서 견뎌내셨고 육체를 저주받은 나무에 영원히 못 박아 놓으셨기 때문이다. 우리가 '육체의 저주받은 상태'에 관한 하나님의 말씀을 믿기만 하고 그것으로부터 해방되기를 바라면 원수의 능력으로부터 구원을 선사한 십자가를 사랑하게 된다.

"우리의 옛사람이 그리스도와 함께 십자가에 못 박혔다." 우리의 유일한 희망은 이것을 믿음으로 받아 굳게 잡는 것이다. "그리스도 예수의 사람들은 육체를 십자가에 못 박았느니라." 그들은 날마다 기꺼이 자기 안에 있는 육체를 하나님을 대적하고, 그리스도를 대적하고, 영혼의 구원을 대적하는 것으로 여기고, 그것을 십자가에 못 박아야 마땅한 것으로 여길 것이다.

이것이 그리스도께서 우리에게 베푸신 영원한 구원의 한 부분이다. 그것은 우리의 생각으로 파악하거나 우리의 힘으로 이루어낼 수 있는 것이 아니다. 그것은 우리가 날마다 주와 동행하고 하나님께로부터 모든 것을 받고자 할 때 예수 그리스도께서 친히 우리에게 주시는 선물이다. 성령이 우리에게 가르쳐주시고, 경험하게 해주시고, 어떻게 육체에 속한 모든 것을 파하고 승리를 가져다줄 수 있는지 보여주실 것이다.

성령이 나타내는
십자가

왜 많은 사람이 하나님의 성령이 우리를 소유하셨으며, 그것을 증언할 새로운 능력을 주셨다는 사실을 기쁜 마음으로 전파하지 않는가? 그보다 더욱 중대하고 마음을 찌르는 질문이 있다. 그들을 주저하게 하는 것은 무엇인가? 하늘에 계신 아버지는 그분의 자녀들에게 일용할 양식을 주시는 데 있어 이 땅의 아버지보다 더욱 적극적이시다. 하지만 우리 사이에서는 여전히 이런 불만이 나오고 있다. "성령이 너무 엄격하고 구속적이지 않은가? 이것이 그분의 사역인가?"

많은 사람은 그 주저함의 원인이 의심할 여지 없이 교회가 지나치게 육체와 세상에 따라 요동한다는 사실임을 인정할 것이다. 그들은 그리스도의 십자가의 예리한 능력을 잘 이해하지 못하고 있다. 그 때문에 성령이 그 충만함을 부어주실 그릇이 없다. 그럼에도 많은 사람이 이 문제가 그들에게 너무 어렵거나 심각하다고 불평한다. 이것은 우리가 바울이나 그리스도의 가르침을 얼마나 실천하지 못하고 있는지를 보여주는 증거이다.

이제 당신에게 한 가지 기쁜 소식을 주고자 한다. 당신 안에 거하시는 성령은 당신의 그릇이 아무리 작더라도 당신을 십자가로 인도하기 위해 그분의 가르침을 주실 것이다. 그리고 성령의 신령한 가르침으로 그리스도께서 당신 안에서, 또 당신을 위해 무슨 일을 하기를 원하시는지 알게 하실 것이다.

그러나 성령은 당신에게 천국의 비밀을 깨우쳐주기 위해 시간을 요구하실 것이다. 그분은 당신이 개인적인 기도를 소홀히 하는 것이 어떻게 그리스도와의 교제와 십자가에 관한 지식, 그리고 성령의 강력한 역사를 방해하는지 깨닫기 원하신다. 그분은 자기를 부인하고, 십자가에 올라 생명을 버리고, 주를 따르는 것이 무슨 뜻인지 당신에게 가르쳐주실 것이다. 비록 당신이 십자가에 관해 무지하다 느끼고, 십자가에 관한 영적인 통찰력이 부족하다 할지라도 그분은 당신에게 모든 기대를 넘어서는 영적인 삶의 비밀을 가르치시고 알려주실 능력과 뜻이 있다.

처음부터 다시 시작하라. 기도의 방에서 충실하라. 거기서 당신이 하나님을 만나고 의지할 수 있음에 감사하라. 비록 모든 것이 차갑고 어두워 보이고 속박되어 있다고 느낄지라도 사랑 많으신 주 예수 앞에 조용히 엎드리라. 그분은 지금도 당신을 간절히 기다리고 계신다. 당신에게 성령을 주신 아버지 하나님께 감사하라. 육체와 세상, 십자가 등 당신이 아직 모르는 모든 것, 그리고 깨닫기 원하는 것을 확실히 깨달아라. 당신에게 내주하시는 그리스도의 영이 분명히 깨우쳐주실 것이다. 이 축복이 당신을 위한 것임을 믿기만 하라.

그리스도께서는 완전히 당신에게 속했고 당신에 대한 온전한 소유를 갈망하신다. 그분은 성령을 통해 당신을 소유하실 수 있고 그렇게 하실 것이다. 그러나 이를 위해서는 시간이 필요하다. 날마다 그분께 기도로 시간을 드리라. 당신은 그분이 그분의 약속을 당신에게 성취하실 것임을 확신할 수 있다. "나의 계명을 지키는 자라야 나를 사랑하는 자니 나를 사랑하는 자는 내 아버지께 사랑을 받을 것이요 나도 그를 사랑하여 그에게 나를 나타내리라"(요 14:21).

당신이 자신을 위해 구하는 모든 것에 덧붙여 당신의 성도들과 교회와 당신의 목회자, 그리고 모든 신자와 하나님의 모든 교회를 위해 꾸준히 기도하면 하나님이 그분의 성령을 통해 그들을 능력으로 강하게 하실 것이다. 그리하여 믿음에 의해 그리스도께서 그들의 마음속에 머무실 것이다. 응답받는 시간은 얼마나 축복된 시간인가! 기도를 계속하라. 성령이 그리스도와 그분의 사랑, 또한 '보좌 가운데 죽임을 당한 어린 양'으로서 그리스도와 그분의 십자가를 드러내고 영화롭게 하실 것이다.

그러므로 우리는 다음과 같은 도전을 겸허히 받아들여야 한다. "우리는 십자가를 지려고 하지 않기 때문에 어떤 성장도 할 수 없다!" 우리의 머리이신 그리스도는 십자가에서 가장 낮은 자리를 택하셨고 우리 역시 그분의 지체로서 가장 낮은 자리에 있도록 하셨다. 그러나 하나님의 영광의 광채(히 1:3)는 사람들에게 멸시를 당하셨다. "그는 멸시를 받아 사람들에게 버림받았으며 간고를 많이 겪었으며 질고를 아는 자라. 마치 사람들이 그에게서 얼굴을 가리

는 것같이 멸시를 당하였고 우리도 그를 귀히 여기지 아니하였도
다"(사 53:3).

그때부터 우리가 가진 유일한 권리는 가장 마지막과 가장 밑바닥
이 되어야 한다. 그 이상을 주장한다면 아직 십자가를 올바로 이해
하지 못했기 때문이다.

우리는 더 높은 수준의 삶을 추구한다. 만약 우리 주님과 십자가
의 교제에 더 깊이 빠져든다면 그 삶을 발견할 것이다. 하나님은 십
자가에 못 박힌 자를 가장 높은 자리로 올리셨다. 우리도 십자가에
못 박히신 주님을 영화롭게 해야 한다.

우리는 온전한 승리를 갈망한다. 주님의 십자가에 온전히 빠져들
면 우리는 이 승리를 얻는다. 어린 양은 그 손과 발이 십자가에 못
박혔을 때 가장 위대한 승리를 획득하셨다. 우리는 십자가의 그늘
밑에 거하는 동안에만 전능하신 분의 그늘에 거할 수 있다. 십자가
는 우리의 본향이 되어야 한다. 그곳에서만 우리가 편히 쉴 수 있
다. 우리가 주님의 십자가를 이해할 때 비로소 자기 자신의 십자가
를 이해할 수 있다. 그리고 그 십자가에 가까이 다가가 그것을 볼
뿐만 아니라 만지기를 원하게 된다. 더 나아가 우리는 십자가를 지
고 그것이 나의 십자가가 되도록 해야 한다. 그때 십자가는 우리 안
에서 그 권세가 나타나고, 우리는 하나님의 능력이 특별히 십자가
로 나타나는 것을 경험하게 되며, 더는 십자가 밑에서 쓰러지지 않
고 기쁨으로 그것을 지게 될 것이다.

십자가가 없다면 예수님은 어떻게 되셨을까? 그분의 찔린 발은 원수의 머리를 상하게 했고 그분의 찔린 손은 원수를 완전히 결박하셨다. "사람이 먼저 강한 자를 결박하지 않고서야 어떻게 그 강한 자의 집에 들어가 그 세간을 강탈하겠느냐. 결박한 후에야 그 집을 강탈하리라"(마 12:29). 십자가가 없다면 우리는 어떻게 되는가? 십자가를 지나치지 말고 굳게 붙들자. 주님이 밟지 않으신 길을 우리가 지나갈 수 있다고 생각하는가? 많은 사람이 십자가를 지려고 하지 않기 때문에 어떤 성장도 할 수 없는 것이다.

또한 나 자신의 작은 테두리 안에 육체가 있는 것처럼 인류라는 더 큰 테두리 안에 세상이 있다. 육체와 세상은 같은 '이 세상 신'을 섬기고 그것이 나타내는 두 가지 명시다. 십자가가 육체를 저주받은 것으로 다룰 때 우리는 즉시 이 세상의 본질과 그 권세가 무엇인지 알게 된다. "그들은 나와 아버지를 둘 다 미워했다." 그 증거는 그 두 가지가 그리스도를 십자가에 못 박았다는 것이다. 그러나 그리스도는 십자가에서 승리를 획득하시고 우리를 세상 권세로부터 풀어주셨다. 이제 우리는 이렇게 말할 수 있다. "그러나 내게는 우리 주 예수 그리스도의 십자가 외에 결코 자랑할 것이 없으니 그리스도로 말미암아 세상이 나를 대하여 십자가에 못 박히고 내가 또한 세상을 대하여 그러하니라"(갈 6:14).

바울에게 십자가는 날마다 거룩한 현실이었다. 그는 십자가로 인해 세상에서 고난을 받아야 했으며 동시에 십자가는 그에게 지속해서 승리를 가져다주기도 했다. 이것은 요한의 글에서도 볼 수 있다. "또 아는 것은 우리는 하나님께 속하고 온 세상은 악한 자 안에 처한 것이며"(요일 5:19). "예수께서 하나님의 아들이심을 믿는 자가 아니면 세상을 이기는 자가 누구냐. 이는 물과 피로 임하신 이시니 곧 예수 그리스도시라. 물로만 아니요 물과 피로 임하셨고 증언하는 이는 성령이시니 성령은 진리니라"(요일 5:5-6).

하나님은 이 세상 신의 이 두 가지 권세에 대항하도록 하늘로부터 우리에게 두 가지 위대한 능력을 주셨다. 바로 십자가와 성령이시다.

P·A·R·T·4

기도의 용사들처럼
순종하며 기도하라

거룩함과 순종은
기도의 문을 연다

우리는 종종 교회 안에서 죄와 하나님의 거룩하심에 관한 개념이 잊혀졌다는 말을 듣는다. 우리는 하나님의 거룩하심을 우리의 신앙과 삶의 본래 위치로 회복하는 방법을 기도의 비밀스러운 자리에서 깨닫게 될 것이다. 만약 당신이 기도로 30분도 어떻게 보내야 할지 모른다면 하나님의 거룩하심이라는 주제를 선택해보라. 그 앞에 엎드려보라. 당신 자신에게, 또한 하나님께 시간을 드리면 그분과 당신은 서로 만나게 될 것이다. 쉽지 않겠지만 그 수고로 인해 커다란 축복이 뒤따를 것이다.

우리는 하나님의 거룩하신 임재를 경험하는 일에 익숙해지기 위해 거룩한 말씀을 읽어보는 것도 좋다. 레위기를 펼쳐서 하나님이 왜 다섯 번이나 다음과 같은 명령을 하셨는지 주목해보기 바란다.

"나는 여호와 너희의 하나님이라. 내가 거룩하니 너희도 몸을 구별하여 거룩하게 하고 땅에 기는 길짐승으로 말미암아 스스로 더럽히지 말라"(레 11:44).

"나는 너희의 하나님이 되려고 너희를 애굽 땅에서 인도하여 낸 여호와라. 내가 거룩하니 너희도 거룩할지어다"(레 11:45).

"너는 이스라엘 자손의 온 회중에게 말하여 이르라. 너희는 거룩하라. 이는 나 여호와 너희 하나님이 거룩함이니라"(레 19:2).

"너희는 스스로 깨끗하게 하여 거룩할지어다. 나는 너희의 하나님 여호와이니라"(레 20:7).

"너희는 나에게 거룩할지어다. 이는 나 여호와가 거룩하고 내가 또 너희를 나의 소유로 삼으려고 너희를 만민 중에서 구별하였음이니라"(레 20:26).

이보다 더 많이 나오는 말씀은 "나는 너희를 거룩하게 하는 여호와라"이다. 이 위대한 말씀은 신약에도 그대로 계승되었다. 베드로는 말한다. "오직 너희를 부르신 거룩한 이처럼 너희도 모든 행실에 거룩한 자가 되라. 기록되었으되 내가 거룩하니 너희도 거룩할지어다"(벧전 1:15-16).

사도 바울은 그의 첫 번째 서신에서 이렇게 썼다.

"너희 마음을 굳건하게 하시고 우리 주 예수께서 그의 모든 성도와 함께 강림하실 때에 하나님 우리 아버지 앞에서 거룩함에 흠이 없게 하시기를 원하노라"(살전 3:13).

"하나님이 우리를 부르심은 부정하게 하심이 아니요 거룩하게 하심이니"(살전 4:7).

"너희를 부르시는 이는 미쁘시니 그가 또한 이루시리라"(살전 5:24).

하나님의
거룩하심

하나님을 거룩한 분으로 아는 지식만이 우리를 거룩하게 만들 것이다. 우리가 기도의 자리에서 홀로 하나님을 만나지 않고 어떻게 하나님에 대한 지식을 얻을 수 있겠는가? 하나님의 거룩하심이 우리 위에 머물도록 시간을 내지 않는다면 그것은 완전히 불가능하다. 만약 어떤 사람이 한 저명한 현자와 시간을 함께 보내지 않고 어떻게 그와 친밀해지며 그의 영향력 아래에 있을 수 있겠는가? 우리가 하나님의 거룩하신 영광에 들어갈 시간을 갖지 않는다면 어떻게 하나님이 우리를 거룩하게 하실 수 있겠는가? 기도의 골방 외에 어떤 장소에서도 하나님의 거룩하심을 알고 그분의 영향과 권능 아래 들어갈 수 없다. 다음과 같은 말이 있다. "자주, 오랫동안 홀로 하나님과 함께 있는 시간을 갖지 않는 어떤 사람도 거룩함에 진보를 기대할 수 없다."

그렇다면 하나님의 거룩하심이란 무엇인가? 그것은 하나님의 모든 성품 중의 최고이며 가장 영광스럽고도 모든 다른 성품을 포괄하는 것이다. 거룩함은 성경에서 가장 심오한 단어이다. 그것은 천국 본향에 있는 단어이다. 구약과 신약 모두 그것을 말한다.

이사야는 얼굴을 가린 스랍들이 외치는 소리를 들었다. "서로 불러 이르되 거룩하다. 거룩하다. 거룩하다. 만군의 여호와여 그의 영광이 온 땅에 충만하도다"(사 6:3). 요한은 네 생물이 말하는 소리를 들었다. "네 생물은 각각 여섯 날개를 가졌고 그 안과 주위에는 눈들이 가득하더라. 그들이 밤낮 쉬지 않고 이르기를 거룩하다. 거룩하다. 거룩하다. 주 하나님 곧 전능하신 이여 전에도 계셨고 이제도 계시고 장차 오실 이시라"(계 4:8). 이 말들은 하나님의 직접적인 임재 속에 살고 그 앞에 절하는 존재들에 의해 나온 것으로 천국에서 하나님의 영광을 최상으로 표현한 것이다.

우리가 감히 생각이나 글로나 들음으로써 하나님의 거룩하심을 이해하거나 그 거룩함에 참여하게 되리라고 상상이라도 할 수 있는가? 어리석은 말이다! 우리에게 하나님을 홀로 만날 수 있는 개인적인 기도의 자리가 있음을 감사하자. 그곳에서 우리는 기도할 수 있다. "오, 주님! 당신의 거룩하심이 점점 더 저의 마음속을 비추게 하셔서 저도 거룩하게 하소서."

그리고 우리가 하나님의 거룩함이 우리 안에 부어지도록 기도하지 않았음을 깊이 수치스럽게 여기자. 우리의 이 죄를 용서해주시고, 하나님의 거룩한 은혜로 우리를 가까이 이끄시고, 하나님과 거룩하신 주님과의 교제를 할 수 있는 강건함을 주시기를 열심히 기도하자.

'하나님의 거룩하심'이라는 말은 쉽게 설명되지 않는다. 그러나 우리는 이 말이 하나님이 죄를 형언할 수 없이 싫어하시고 혐오하신다는 사실을 내포하고 있음을 알 수 있다. 이 말이 무슨 뜻인지 이해하기를 원한다면 하나님이 "죄가 인간을 다스리게 하느니 차라리 아들을 죽게 하는 것을 선택하셨다"는 사실을 기억하라. 하나님의 뜻에 대항하는 것이라면 아주 작은 일이라도 행하지 않으시고 자신의 생명을 포기하셨던 예수님을 생각하라. 그분은 인간이 죄의 권세 아래 잡혀 있는 것보다 차라리 자기 죽음을 선택할 만큼 죄를 미워하셨다.

하나님의 거룩하심에는 뭔가 특별한 것이 있다. 이는 그분이 당신과 나를 위해 우리를 죄에서 구원하는 일이라면 무엇이든 하실 것이라는 언약이다. 거룩함은 하나님의 불이므로 우리 안에 있는 죄를 태워 우리로 하여금 하나님 앞에 깨끗하고 받을 만하신 거룩한 제사가 되게 할 것이다. 이 때문에 성령이 불로서 내려오셨다. 그분은 하나님의 거룩한 영이시며 우리에게 내주하시는 성화의 영이시다.

하나님의 거룩하심을 생각하라. 그리고 하나님이 당신을 위해 행하실 일들에 관해 확신으로 가득 찰 때까지 그분 앞에 겸손히 엎드리라. "거룩하신 분, 하나님과 대화할 수 있는 것은 기도의 은밀한 자리의 영광이다. 지금까지 우리가 기도하지 않음으로 인해 하나님과 그분의 사랑을 심히 멸시해왔기 때문에 깊은 겸손과 부끄러움을 가지고 엎드려야 한다." 당신 안에 이런 신념이 들 때까지 필요하다면 일주일이 걸리더라도 이 위대한 진리에 관한 하나님의 말씀을 읽고 또 읽으라. 그러면 하나님이 우리를 다시 자신과 교제하는 자리로 이끌어주신다는 확신을 얻을 것이다. 아무도 하나님과 자주, 오랫동안 함께하지 않고 하나님의 거룩하심을 이해하거나 하나님의 거룩하심에 동참할 수 없다.

누군가는 거룩함이란 하나님이 그분의 의로 인해 우리와 떨어질 수밖에 없는 이루 말할 수 없이 먼 거리이며, 동시에 그분이 그분의 사랑으로 인해 우리와 교제하고 우리 안에 거하고자 하시는 이루 말할 수 없는 가까움이라고 했다. 당신과 하나님 사이의 측량할 수 없는 거리를 생각하면서 경외하는 마음으로 겸손히 엎드리라. 하나님의 사랑이 가장 깊은 친밀함으로 당신과 연합되기를 간절히 바라면서 어린아이 같은 믿음을 갖고 경배하라. 그리고 하나님이 자신을 갈망하고 자신을 기다리고 그 앞에서 잠잠한 영혼에게 그분의 거룩하심을 나타냄을 깊이 신뢰하고 의지하라.

하나님의 거룩한 두 가지 속성이 십자가에서 어떻게 연합되었는지 주목하라. 우리의 죄에 관한 하나님의 진노와 화는 너무나 무서워서 그 죄가 그리스도께 전가되었을 때 하나님은 그 얼굴을 그리스도에게서 돌리셔야 했고, 그리스도께서는 짙은 흑암 속에 남겨져야 했다. 그러나 우리를 향한 하나님의 사랑은 너무 깊어서 그분의 아들을 아끼지 않고 말할 수 없는 고통에 넘겨주시기까지 우리와 연합되기를 원하셨다.

이로 말미암아 하나님은 그리스도와 연합된 우리를 받으시고, 그분의 거룩함에 이르게 하시고, 우리를 그분의 사랑하는 자녀로 품어주실 수 있었다. 예수 그리스도께서는 고통을 받으시기 전에 이렇게 말씀하셨다. "또 그들을 위하여 내가 나를 거룩하게 하오니 이는 그들도 진리로 거룩함을 얻게 하려 함이니이다"(요 17:19). 이처럼 주님은 우리의 거룩함이 되셨고 우리는 그 안에서 거룩해졌다.

당신은 당신을 거룩하게 하기 원하시는 거룩하신 하나님을 소유했다. 나는 당신이 이 은혜를 너무 가볍게 생각하지 않기를 바란다. 하나님이 그 거룩함을 내려주시려고 당신에게 기도의 골방에서 조용하게 그분께 시간을 드리라고 부르시는 목소리에 순종하라. 그 비밀스러운 기도의 방에서 거룩하신 하나님을 뵙는 일이 당신의 일상생활이 되게 하라.

그로 인해 희생해야 하는 것이 있다면 보상받을 것이다. 그 보상은 분명하고 풍성하다. 당신은 죄를 미워하고 그것을 저주스럽고 이겨내야 할 것으로 여기게 될 것이다. 새로운 본성은 당신으로 하여금 죄의 공포를 느끼게 할 것이다. 살아 계신 예수님, 거룩하신 하나님은 정복자로서 당신의 힘과 능력이 되실 것이다.

당신은 데살로니가전서 5장 23~24절에 나와 있는 위대한 약속을 믿게 될 것이다. "평강의 하나님이 친히 너희를 온전히 거룩하게 하시고 또 너희의 온 영과 혼과 몸이 우리 주 예수 그리스도께서 강림하실 때에 흠 없게 보전되기를 원하노라. 너희를 부르시는 이는 미쁘시니 그가 또한 이루시리라."

약속의 성취를
가져오는 순종

죄의 반대는 순종이다. "한 사람이 순종하지 아니함으로 많은 사람이 죄인 된 것같이 한 사람이 순종하심으로 많은 사람이 의인이 되리라"(롬 5:19). "죄로부터 해방되어 의에게 종이 되었느니라"(롬 6:18). 죄, 새로운 생명, 성령받음에 관해 지금까지 말해온 모든 것과 관련해서 우리는 항상 하나님이 정해주신 자리에서 순종해야 한다.

하나님은 그리스도께서 자신을 낮추고 죽음에, 십자가 위에서 죽는 것에 순종했기 때문에 그를 지극히 높이셨다. 이와 관련해서 바울은 우리에게 다음과 같이 권면했다. "너희 안에 이 마음을 품으라. 곧 그리스도 예수의 마음이니"(빌 2:5). 우리는 다른 무엇보다 먼저 하나님을 그렇게 기쁘시게 해드렸던 그리스도의 순종이 우리의 기본적인 성품이 되게 하고 전 생애의 태도가 되게 해야 한다. 마치 종이 자신의 주인에게 순종하는 것을 다른 무엇보다 우선해야 함을 알고 있듯이 무조건적이고 확실하게 순종하는 것이 우리 삶의 본질적인 특징이 되어야 한다.

그런데 그리스도인들은 이것을 얼마나 편협하게 이해하고 있는가! 얼마나 많은 사람이 자신의 잘못된 판단으로 인해 죄가 불가피하다는 생각에 안주하여 매일 죄를 짓고 사는가! 이 실수로 인해 저질러진 피해는 얼마나 큰지 이루 말할 수도 없다. 이 모든 것은 불순종이라는 죄가 그토록 간과되고 있는 주된 원인 중 하나이다. 언젠가 그리스도인들이 농담 반, 진담 반으로 무지함과 약함의 원인에 관해 다음과 같이 말하는 소리를 들었다. "그래, 또 불순종해서 그렇지 뭐." 만약 우리의 아랫사람이 습관적으로 불순종한다면 가능한 그를 빨리 내쫓으려고 할 것이다. 그러나 하나님의 자녀가 매일 불순종하는 것은 특별한 일로 간주하지 않는다. 불순종은 매일 벌어지지만 그럼에도 불구하고 우리는 방향을 돌리지 않는다.

이것이 성령의 능력을 구하는 수많은 기도가 드려지면서도 응답이 적은 이유이다. 우리는 "하나님이 그분의 성령을 순종하는 자에게 주셨다"라는 말씀을 읽지 않았던가! 하나님의 모든 자녀는 성령을 받았다. 만약 하나님의 자녀가 그가 받은 성령으로 주께 순종하고자 하는 명확한 목적이 있다면 하나님은 그에게 성령의 능력을 더욱 나타내시는 영광을 주실 수 있으며, 또 그렇게 하실 것이다. 반대로 그가 매일 불순종으로 일관한다면 성령을 더 부어달라는 그의 기도가 응답되지 않더라도 별로 놀랄 필요가 없다.

이미 우리는 성령이 우리를 더 많이 소유하기 원하신다는 사실을 반드시 기억해야 한다고 말했다. 순종함이 아니고서야 어떻게 우리 자신을 그분께 완전히 굴복시킬 수 있겠는가! 성경은 우리가 성령의 인도를 받아 성령을 따라 걸어야 한다고 말씀한다. 나와 성령의 올바른 관계는 나 자신을 그분의 인도와 통치에 맡기는 것이다.

순종은 우리와 하나님과의 모든 관계에서 가장 중요한 요소이다. "오직 내가 이것을 그들에게 명령하여 이르기를 너희는 내 목소리를 들으라. 그리하면 나는 너희 하나님이 되겠고 너희는 내 백성이 되리라. 너희는 내가 명령한 모든 길로 걸어가라. 그리하면 복을 받으리라 하였으나"(렘 7:23).

예수님이 성령을 보내주시겠다는 위대한 약속을 하시던 날 밤에 이 점을 어떻게 강조하셨는지 주목해보자.

"너희가 나를 사랑하면 나의 계명을 지키리라. 내가 아버지께 구하겠으니 그가 또 다른 보혜사를 너희에게 주사 영원토록 너희와 함께 있게 하리니"(요 14:15-16).

순종은 성령을 받기 위한 필수적인 준비이다. 예수님은 이 점을 반복해서 말씀하셨다.

"나의 계명을 지키는 자라야 나를 사랑하는 자니 나를 사랑하는 자는 내 아버지께 사랑을 받을 것이요 나도 그를 사랑하여 그에게 나를 나타내리라"(요 14:21).

"예수께서 대답하여 이르시되 사람이 나를 사랑하면 내 말을 지키리니 내 아버지께서 그를 사랑하실 것이요 우리가 그에게 가서 거처를 그와 함께 하리라"(요 14:23).

"너희가 내 안에 거하고 내 말이 너희 안에 거하면 무엇이든지 원하는 대로 구하라. 그리하면 이루리라"(요 15:7).

"내가 아버지의 계명을 지켜 그의 사랑 안에 거하는 것같이 너희도 내 계명을 지키면 내 사랑 안에 거하리라"(요 15:10).

그리스도의 부활 이후 새로운 하나님의 섭리 안에서 우리의 전 생애가 순종에 달려 있다는 사실을 말씀으로 더욱 분명하고 확실하게 이해했는가? 순종은 그리스도의 삶의 태도였다. 그분은 자기 뜻이 아니라 아버지의 뜻에 따라 사셨다. 그러므로 그분은 그분의 영과 더불어 순종의 삶을 살지 않는 사람들의 마음속에 영원한 처소를 마련하실 수 없다.

불순종에 관해 제대로 이해하는 사람이 드물다는 것은 슬픈 사실이다! 우리는 그리스도께서 우리를 하나님께 순종하는 자녀로 살게 하는 일을 맡으셨기 때문에 우리에게 순종을 요구하고 계시고 기대하신다는 사실을 얼마나 간과하고 있는가? 우리가 기도할 때나 일상생활, 또는 깊은 영적인 생활을 할 때 등 모든 상황에서 주님을 기쁘시게 하려는 노력이 얼마나 나타나는가? 우리는 불순종했음을 거의 고백하지 않거나 그저 단순히 "죄를 지어서 죄송합니다"라고 말하는 정도에 그친다.

그러면 순종은 정말 가능한가? 예수 그리스도께서 자신을 성화시켜주심을 믿고 그분께 의지하는 사람에게는 분명히 가능하다. 반면 아직 영적인 눈이 떠지지 않아 그리스도께서 자신의 죄를 한 번에 씻어주실 수 있다는 사실을 모르는 사람에게는 불가능하다. 그는 또한 그리스도 안에 하나님이 그 자녀로부터 기대하시는 모든 것을 이루는 힘이 있다는 분명한 약속을 믿지도 못한다.

우리가 믿음을 통해 온전한 용서를 깨달았던 것처럼 우리를 너무도 쉽게 유혹하는 죄의 지배로부터 해방될 수 있는 것도 새로운 믿음의 행위로서 가능하다. 그러면 그리스도의 힘을 계속 공급받는 영원한 축복이 우리의 것이 된다. 이 믿음으로 인해 전에 이해하지 못했던 약속의 의미를 깨닫는 새로운 통찰력이 생겨난다.

"양들의 큰 목자이신 우리 주 예수를 영원한 언약의 피로 죽은 자 가운데서 이끌어내신 평강의 하나님이 모든 선한 일에 너희를 온전하게 하사 자기 뜻을 행하게 하시고 그 앞에 즐거운 것을 예수 그리스도로 말미암아 우리 가운데서 이루시기를 원하노라. 영광이 그에게 세세무궁토록 있을지어다"(히 13:20-21).

"능히 너희를 보호하사 거침이 없게 하시고 너희로 그 영광 앞에 흠이 없이 기쁨으로 서게 하실 이 곧 우리 구주 홀로 하나이신 하나님께 우리 주 예수 그리스도로 말미암아 영광과 위엄과 권력과 권세가 영원 전부터 이제와 영원토록 있을지어다"(유 1:24-25).

"형제들아 더욱 힘써 너희 부르심과 택하심을 굳게 하라. 너희가 이것을 행한즉 언제든지 실족하지 아니하리라"(벧후 1:10).

"너희 마음을 굳건하게 하시고 우리 주 예수께서 그의 모든 성도와 함께 강림하실 때에 하나님 우리 아버지 앞에서 거룩함에 흠이 없게 하시기를 원하노라"(살전 3:13).

"주는 미쁘사 너희를 굳건하게 하시고 악한 자에게서 지키시리라"(살후 3:3).

이 약속과 다른 모든 약속의 성취는 그리스도 안에서 우리에게 보장되었다. 죄를 용서함이 그리스도 안에서 우리에게 분명히 보장된 것처럼 전례 없이 새로운 죄의 공격에 맞설 힘 또한 우리에게 보장되었다. 이제 우리는 믿음으로 그리스도를 완전히 의지할 수 있으며 그분의 영원한 보호를 받을 수 있다는 사실을 처음으로 이해하게 되었다.

이 믿음은 순종의 삶에 완전히 새로운 빛을 비춘다. 내가 믿기만 하면 그리스도는 이것을 나에게서 매 순간 성취할 책임을 지신다. 그때 우리는 바울이 로마서의 서두와 말미에서 언급했던 "믿어 순종하게 한다"는 말씀을 이해하게 된다. "그로 말미암아 우리가 은혜와 사도의 직분을 받아 그의 이름을 위하여 모든 이방인 중에서 믿어 순종하게 하나니"(롬 1:5). "이제는 나타내신 바 되었으며 영원하신 하나님의 명을 따라 선지자들의 글로 말미암아 모든 민족이 믿어 순종하게 하시려고 알게 하신 바 그 신비의 계시를 따라 된 것이니"(롬 16:26).

믿음은 죄의 용서를 위해서만이 아니라 모든 순간 내가 하나님의 자녀로서 하나님과 동행하고 순종의 자녀로 인정되는 기쁨을 누리게 하려고 나를 주 예수께로 인도한다. "이 자녀들을 부르신 이가 거룩하니 그들도 모든 행동에서 거룩하라"는 말씀이 있다. 따라서 내가 그리스도의 완전한 은혜와 그리스도께서 지금뿐 아니라 모든 순간 내 삶의 힘이 되실 것이라고 온전히 믿는 믿음에 모든 것이 달려 있다. 이 믿음이 나로 하여금 모든 선한 일에 즐거워하며 열매가 있게 하고, 주님의 영광스러운 힘으로 모든 능력으로 강건해지는, 하나님 앞에서 가치 있는 삶을 사는 것을 가능하게 하는 순종으로 이끌 것이다.

그 약속으로 채워진 영혼은 자기 노력이라는 불순종 대신 믿음으로 말미암은 모든 순종을 경험할 것이다. 모든 약속의 가치와 확실성과 능력은 살아 계신 그리스도 안에 있다.

예수님의 순종을
본받아 기도하라

- -

기도생활과 영적생활의 관계는 밀접하고도 영속적이다. 우리는 기도를 통해 성령을 받는다. 그뿐만 아니라 영적인 생활은 지속적인 기도의 삶을 절대적으로 요구한다. 내가 끊임없이 기도에 헌신할 때만이 끊임없이 성령의 지배를 받을 수 있다. 이것은 우리 주님의 삶에서도 명백히 드러났다. 주님의 삶을 연구한다면 우리는 기도의 권능과 거룩함에 관한 놀라운 통찰력을 갖게 될 것이다.

예수님의 세례를 생각해보라. 주님이 세례를 받고 기도하실 때 하늘이 열리고 성령이 임했다. 요단강에서 몸소 죄인의 세례를 받으신 주님은 죄인의 죽음에도 자신을 내주셨다. 하나님은 자기 자신을 내준 예수님께 그가 성취해야 하는 사역을 위해 성령의 선물이라는 영광으로 둘러주기를 원하셨다. 그러나 만일 예수님이 기도하지 않으셨다면 이런 일은 일어나지 않았을 것이다. 예수님이 하나님과 교제할 때 성령이 그를 광야로 인도하셨고 거기서 주님은 기도와 금식으로 40일을 보내셨다.

또한 마가복음 1장 32~35절에는 다음과 같이 기록되어 있다. "저물어 해 질 때에 모든 병자와 귀신 들린 자를 예수께 데려오니 온 동네가 그 문 앞에 모였더라. 예수께서 각종 병이 든 많은 사람을 고치시며 많은 귀신을 내쫓으시되 귀신이 자기를 알므로 그 말하는 것을 허락하지 아니하시니라. 새벽 아직도 밝기 전에 예수께서 일어나 나가 한적한 곳으로 가사 거기서 기도하시더니."

밤낮으로 일하신 예수님은 지치고 피곤하셨다. 병든 사람을 치료하고 사탄을 쫓아내실 때 예수님에게서 권능이 나갔다. 그래서 다른 사람들이 잠자고 있을 때 예수님은 하나님과 연합 속에서 힘을 새롭게 하려고 기도의 자리로 나가셨다. 예수님에게는 이 시간이 필요했다. 그렇지 않으면 다음날을 위해 준비되지 못했을 것이다. 영혼을 구원하는 거룩한 일은 지속해서 하나님과 교제를 새롭게 하는 것을 요구한다.

누가복음 6장 12~13절에 기록된 예수님이 제자들을 부르시는 모습을 다시 생각해보라. "이때에 예수께서 기도하시러 산으로 가사 밤이 새도록 하나님께 기도하시고 밝으매 그 제자들을 부르사

그중에서 열둘을 택하여 사도라 칭하셨으니."

누구든지 하나님의 일을 하기 원한다면 그 지혜와 힘을 얻기 위해 하나님과 교제의 시간을 가져야 하는 것이 분명하지 않은가? 우리가 의존적이고 나약하다는 것은 하나님께 그 권능을 나타내실 기회를 열어 드려야 한다는 증거이다. 그리스도의 사역에서 초기 교회를 위해, 그리고 모든 사람을 위해 제자들을 선택하는 일이 얼마나 중요했겠는가? 그 일에는 하나님의 축복과 보증, 즉 기도의 도장이 찍혀 있었다.

누가복음 9장 18~20절을 읽어보라. "예수께서 따로 기도하실 때에 제자들이 주와 함께 있더니 물어 이르시되 무리가 나를 누구라고 하느냐. 대답하여 이르되 세례 요한이라 하고 더러는 엘리야라 더러는 옛 선지자 중의 한 사람이 살아났다 하나이다. 예수께서 이르시되 너희는 나를 누구라 하느냐. 베드로가 대답하여 이르되 하나님의 그리스도시니이다 하니."

주님은 아버지께서 제자들에게 자신이 누군지 나타내주시기를 기도하셨다. 베드로가 "하나님의 그리스도시니이다"라고 말한 것은 그 기도의 응답이었다. 그 후 주님이 말씀하셨다. "바요나 시몬아 네가 복이 있도다. 이를 네게 알게 한 이는 혈육이 아니요 하늘에 계신 내 아버지시니라"(마 16:17). 이 위대한 고백은 바로 기도의 열매였다.

누가복음 9장 28~36절을 읽어보라. "이 말씀을 하신 후 팔 일쯤

되어 예수께서 베드로와 요한과 야고보를 데리고 기도하시러 산에 올라가사 기도하실 때에 용모가 변화되고 그 옷이 희어져 광채가 나더라. 문득 두 사람이 예수와 함께 말하니 이는 모세와 엘리야라. 영광중에 나타나서 장차 예수께서 예루살렘에서 별세하실 것을 말할새 베드로와 및 함께 있는 자들이 깊이 졸다가 온전히 깨어나 예수의 영광과 및 함께 선 두 사람을 보더니 두 사람이 떠날 때에 베드로가 예수께 여짜오되 주여 우리가 여기 있는 것이 좋사오니 우리가 초막 셋을 짓되 하나는 주를 위하여 하나는 모세를 위하여 하나는 엘리야를 위하여 하사이다 하되 자기가 하는 말을 자기도 알지 못하더라. 이 말 할 즈음에 구름이 와서 그들을 덮는지라. 구름 속으로 들어갈 때에 그들이 무서워하더니 구름 속에서 소리가 나서 이르되 이는 나의 아들 곧 택함을 받은 자니 너희는 그의 말을 들으라 하고 소리가 그치매 오직 예수만 보이더라. 제자들이 잠잠하여 그 본 것을 무엇이든지 그때에는 아무에게도 이르지 아니하니라.”

그리스도는 제자들의 믿음을 굳건하게 하려고 하나님이 하늘로부터 자신이 하나님의 아들임을 제자들에게 확신시켜주시기를 바랐다. 제자들을 위해서 뿐만 아니라 우리 주님을 위해 구하신 그 기도의 응답으로 변화선상에서 일어난 일은 무엇인가?

이제 하나님이 이 땅에서 이루고자 하시는 일들을 위해 그 절대적인 조건으로 기도가 필요하다는 사실이 더욱 분명해지지 않았는가? 그리스도와 모든 성도에게는 한 가지 방법밖에 없다. 믿음의 기도를 드릴 때 하늘을 향해 열린 마음과 입은 분명 부끄러움에 처하지 않을 것이다.

누가복음 11장 1~3절을 읽어보라. "예수께서 한 곳에서 기도하시고 마치시매 제자 중 하나가 여짜오되 주여 요한이 자기 제자들에게 기도를 가르친 것과 같이 우리에게도 가르쳐주옵소서. 예수께서 이르시되 너희는 기도할 때에 이렇게 하라. 아버지여 이름이 거룩히 여김을 받으시오며 나라가 임하시오며 우리에게 날마다 일용할 양식을 주시옵고."

그래서 주님은 제자들에게 영원히 다함없는 기도를 가르쳐주셨다. "하늘에 계신 우리 아버지여 이름이 거룩히 여김을 받으시오며." 주님은 제자들에게서 하나님의 이름이 높이 여김을 받고, 그분의 나라가 임하고, 그분의 뜻이 이루어지기를 기도하시며 마음속에 있던 바를 보여주셨다. "하늘에서 이룬 것같이 땅에서도 이루어지이다." 이런 일이 어떻게 일어날 수 있는가? 바로 기도를 통해서다. 이 기도는 시대를 거치는 동안 무수한 사람들에 의해 읊조려졌으며 말할 수 없는 평안을 주었다. 그러나 이 기도는 우리 주님의 기도로부터 탄생한 것임을 잊지 말라. 주님이 계속 기도해오셨기에 이 영광스러운 대답을 해주실 수 있었다.

예수님은 요한복음 14장 16절에서 이렇게 말씀하셨다. "내가 아버지께 구하겠으니 그가 또 다른 보혜사를 너희에게 주사 영원토록 너희와 함께 있게 하리니." 신약 전체에 나타난 하나님의 섭리는 성령을 부어주시는 놀라운 선물과 함께 전부 예수님의 기도의 결과였다. 비록 하나님이 성령의 선물이라는 보증을 해주셨지만 예수님과 후에 그 제자들의 기도 응답으로 인해서도 성령은 분명히 올 예정이었다. 우리 주님의 기도처럼 하나님과 홀로 있는 시간을 갖고 자기 자신을 온전히 하나님께 헌신하는 기도는 분명히 응답될 것이다.

요한복음 17장에 나타난 제사장의 지극히 거룩한 기도를 읽어보라. 성자 예수님은 아버지께서 자신에게 십자가에 오르는 힘을 주시고, 죽음에서 다시 일으키시며, 보좌의 우편에 앉게 하심으로써 자신을 영화롭게 해달라고 처음으로 자신을 위해서 기도하셨다. 이 위대한 일들은 기도를 통하지 않고는 일어날 수 없었다. 기도는 이 모든 것을 얻을 수 있는 능력을 갖추고 있었다.

그런 후에 예수님은 제자들을 위해 아버지께서 그들을 악한 자에게서 보호해주시고, 이 세상으로부터 지켜주시며, 거룩하게 해주시기를 간구하셨다. 더 나아가 제자들의 전도로 하나님을 믿게 될 모든 자를 위해 아버지와 아들이 하나이듯 그들도 하나가 되게 해달라고 기도하셨다. 이 기도는 성부 하나님과 성자 사이의 놀라운 관계를 넌지시 알려준다. 그것은 하나님의 우편에 계신 자가 우리를 위해 항상 기도하는 그 기도를 통해 모든 축복이 오며 앞으로도 오리라는 것이다. 그러나 그것은 또한 모든 축복이 우리에 의해서도 같은 방법으로 구해져야함을 가르친다. 하나님의 축복은 그 모든 본질과 영광이 온전히 주께 굴복한 심령으로, 기도의 능력을 믿는 믿음을 가지고 드리는 기도의 응답으로 얻어져야 한다.

이제 우리는 가장 주목할 만한 모범을 보게 된다. 겟세마네에서 주님이 지속적인 습관을 좇아 자신이 이 땅에서 이루셔야 하는 일들을 아버지와 기도로 상의하시는 모습이다. 먼저 주님은 번민 속에서 피처럼 쏟아지는 땀으로 자신에게서 이 잔이 지나가게 하시기를 간구하셨다. 그러나 그렇게 될 수 없음을 깨달았을 때 그 잔을 마실 힘을 주시기를 기도하셨고, "당신의 뜻이 이루어지이다"라고 말씀하심으로써 자기 자신을 복종시키셨다. 주님은 용기 충전하여 적과 맞설 수 있었으며 하나님의 능력으로 자신을 십자가의 죽음에 내놓으실 수 있었다. 그분이 기도하셨기 때문이다.

그렇다면 하나님의 자녀들은 왜 자신의 나약함에도 하나님의 일을 수행해 나아가기 위한 자신감뿐 아니라 제 뜻을 하나님의 뜻에 굴복시키는 위대한 힘을 얻기 위해 기도의 영광에 들어가려는 믿음이 그토록 부족한 것인가? 그것은 우리가 예수 그리스도로부터 깨닫지 못하기 때문이다. 그러므로 우리는 영원히 살아 계신 영적인 생명과 권능의 원천이신 하나님과 면밀하고 지속적인 관계없이 하나님과 동행하고 그분의 축복이나 인도하심을 받는 일이 얼마나 불가능한지 우리 주님으로부터 배워야 한다. 예수님의 기도생활에 관한 이 간단한 연구를 다시 숙고해야 한다. 그리고 성령의 인도를 구하는 기도로써 주 예수 그리스도께서 모든 그리스도인에게 주고자 하시고 지지해주시는 삶이 어떤 것인지 하나님의 말씀으로부터 배우려고 노력해야 한다. 그것은 매일의 기도생활 그 이상이 아니다.

특별히 모든 사역자가 우리 주님의 일을 하려고 할 때 주께서 하셨던 방식이 아닌 다른 방법으로 시도하는 것이 얼마나 무익한지 깨달아야 한다. 우리는 하나님의 자녀로서 이 세상의 일상적인 일로부터 자유로우며, 따라서 우리 구원자의 이름으로 그분의 성령과 함께, 그분과 하나 되어 세상을 위한 축복을 구하는 일을 무엇보다 우선할 수 있는 시간을 가질 수 있음을 굳게 믿어야 한다.

기도의 용사들처럼
------------------------- 순종하며 기도하라

사도 바울을
본받으라

"내가 그리스도를 본받는 자가 된 것같이 너희는 나를 본받는 자가 되라"(고전 11:1). 사도 바울은 기도의 용사가 되기 위해서는 다음과 같이 기도하라고 말한다.

첫째, 바울은 자신의 성도들을 위해 항상 기도했던 사역자였다. 기도하는 마음으로 그의 말을 읽고 성령의 목소리를 들어보자.

"주야로 심히 간구함은 너희 얼굴을 보고 너희 믿음이 부족한 것을

보충하게 하려 함이라. 하나님 우리 아버지와 우리 주 예수는 우리 길을 너희에게로 갈 수 있게 하시오며 또 주께서 우리가 너희를 사랑함과 같이 너희도 피차간과 모든 사람에 대한 사랑이 더욱 많아 넘치게 하사 너희 마음을 굳건하게 하시고 우리 주 예수께서 그의 모든 성도와 함께 강림하실 때에 하나님 우리 아버지 앞에서 거룩함에 흠이 없게 하시기를 원하노라"(살전 3:10-13).

"평강의 하나님이 친히 너희를 온전히 거룩하게 하시고 또 너희의 온 영과 혼과 몸이 우리 주 예수 그리스도께서 강림하실 때에 흠 없게 보전되기를 원하노라"(살전 5:23).

"그러므로 형제들아 굳건하게 서서 말로나 우리의 편지로 가르침을 받은 전통을 지키라. 우리 주 예수 그리스도와 우리를 사랑하시고 영원한 위로와 좋은 소망을 은혜로 주신 하나님 우리 아버지께서 너희 마음을 위로하시고 모든 선한 일과 말에 굳건하게 하시기를 원하노라"(살후 2:15-17).

"내가 그의 아들의 복음 안에서 내 심령으로 섬기는 하나님이 나의 증인이 되시거니와 항상 내 기도에 쉬지 않고 너희를 말하며 어떻게 하든지 이제 하나님의 뜻 안에서 너희에게로 나아갈 좋은 길 얻기를 구하노라. 내가 너희 보기를 간절히 원하는 것은 어떤 신령한 은사를 너희에게 나누어주어 너희를 견고하게 하려 함이니"(롬 1:9-11).

"이러므로 내가 하늘과 땅에 있는 각 족속에게 이름을 주신 아버지 앞에 무릎을 꿇고 비노니 그의 영광의 풍성함을 따라 그의 성령으로 말미암아 너희 속사람을 능력으로 강건하게 하시오며 믿음으로 말미암아 그리스도께서 너희 마음에 계시게 하시옵고 너희가 사랑 가운데서 뿌리가 박히고 터가 굳어져서 능히 모든 성도와 함께 지식에 넘치는 그리스도의 사랑을 알고 그 너비와 길이와 높이와 깊이가 어떠함을 깨달아 하나님의 모든 충만하신 것으로 너희에게 충만하게 하시기를 구하노라"(엡 3:14-19).

"간구할 때마다 너희 무리를 위하여 기쁨으로 항상 간구함은 너희가 첫날부터 이제까지 복음을 위한 일에 참여하고 있기 때문이라. 너희 안에서 착한 일을 시작하신 이가 그리스도 예수의 날까지 이루실 줄을 우리는 확신하노라. 내가 너희 무리를 위하여 이와 같이 생각하는 것이 마땅하니 이는 너희가 내 마음에 있음이며 나의 매임과 복음을 변명함과 확정함에 너희가 다 나와 함께 은혜에 참여한 자가 됨이라. 내가 예수 그리스도의 심장으로 너희 무리를 얼마나 사모하는지 하나님이 내 증인이시니라. 내가 기도하노라. 너희 사랑을 지식과 모든 총명으로 점점 더 풍성하게 하사 너희로 지극히 선한 것을 분별하며 또 진실하여 허물 없이 그리스도의 날까지 이르고 예수 그리스도로 말미암아 의의 열매가 가득하여 하나님의 영광과 찬송이 되기를 원하노라"(빌 1:4-11).

"나의 하나님이 그리스도 예수 안에서 영광 가운데 그 풍성한 대로 너희 모든 쓸 것을 채우시리라"(빌 4:19).

"이로써 우리도 듣던 날부터 너희를 위하여 기도하기를 그치지 아니하고 구하노니 너희로 하여금 모든 신령한 지혜와 총명에 하나님의 뜻을 아는 것으로 채우게 하시고 주께 합당하게 행하여 범사에 기쁘시게 하고 모든 선한 일에 열매를 맺게 하시며 하나님을 아는 것에 자라게 하시고 그의 영광의 힘을 따라 모든 능력으로 능하게 하시며 기쁨으로 모든 견딤과 오래 참음에 이르게 하시고"(골 1:9-11).

"내가 너희와 라오디게아에 있는 자들과 무릇 내 육신의 얼굴을 보지 못한 자들을 위하여 얼마나 힘쓰는지를 너희가 알기를 원하노니 이는 그들로 마음에 위안을 받고 사랑 안에서 연합하여 확실한 이해의 모든 풍성함과 하나님의 비밀인 그리스도를 깨닫게 하려 함이니"(골 2:1-2).

사도 바울의 복음 사역에서 끊임없는 기도가 얼마나 많은 부분을 차지했는가! 우리는 바울이 성도들을 위한 사역에서 높은 영적인 목표를 가지고 있었으며, 교회와 교회의 필요를 생각할 때마다 온화하고 헌신적인 사랑을 계속해왔음을 볼 수 있다. 하나님이 우리와 말씀의 사역자들에게 기도가 건강하고 자연스러운 표출이 되게 해주시기를 구하자. 우리가 하나님이 우리에게 모범으로 보여주신 사도의 삶을 본받기를 원한다면 성령의 인도하심을 받기 위해 이러한 구절들을 몇 번이고 다시 살펴볼 필요가 있다.

둘째, 바울은 성도들에게 항상 기도할 것을 말했던 사역자였다.

기도하는 마음으로 다음의 말씀들을 묵상해보라.

"형제들아 내가 우리 주 예수 그리스도와 성령의 사랑으로 말미암아 너희를 권하노니 너희 기도에 나와 힘을 같이하여 나를 위하여 하나님께 빌어 나로 유대에서 순종하지 아니하는 자들로부터 건짐을 받게 하고 또 예루살렘에 대하여 내가 섬기는 일을 성도들이 받을 만하게 하고"(롬 15:30-31).

"우리는 우리 자신이 사형 선고를 받은 줄 알았으니 이는 우리로 자기를 의지하지 말고 오직 죽은 자를 다시 살리시는 하나님만 의지하게 하심이라. 그가 이같이 큰 사망에서 우리를 건지셨고 또 건지실 것이며 이 후에도 건지시기를 그에게 바라노라. 너희도 우리를 위하여 간구함으로 도우라. 이는 우리가 많은 사람의 기도로 얻은 은사로 말미암아 많은 사람이 우리를 위하여 감사하게 하려 함이라"(고후 1:9-11).

"모든 기도와 간구를 하되 항상 성령 안에서 기도하고 이를 위하여 깨어 구하기를 항상 힘쓰며 여러 성도를 위하여 구하라. 또 나를 위하여 구할 것은 내게 말씀을 주사 나로 입을 열어 복음의 비밀을 담대히 알리게 하옵소서 할 것이니 이 일을 위하여 내가 쇠사슬에 매인 사신이 된 것은 나로 이 일에 당연히 할 말을 담대히 하게 하려 하심이라"(엡 6:18-20).

"이것이 너희의 간구와 예수 그리스도의 성령의 도우심으로 나를 구원에 이르게 할 줄 아는 고로"(빌 1:19).

"기도를 계속하고 기도에 감사함으로 깨어 있으라. 또한 우리를 위하여 기도하되 하나님이 전도할 문을 우리에게 열어주사 그리스도의 비밀을 말하게 하시기를 구하라. 내가 이 일 때문에 매임을 당하였노라. 그리하면 내가 마땅히 할 말로써 이 비밀을 나타내리라"(골 4:2-4).

"끝으로 형제들아 너희는 우리를 위하여 기도하기를 주의 말씀이 너희 가운데서와 같이 퍼져 나가 영광스럽게 되고"(살후 3:1).

그리스도의 몸의 각 지체 간의 조화됨과 서로 간의 관계에 대해 바울이 얼마나 깊은 통찰력을 지녔는가! 우리가 성령이 우리 안에서 능력 있게 역사하시기를 허락한다면 그분은 우리에게 이 진리를 드러내실 것이며 우리 또한 바울과 같은 통찰력을 갖게 될 것이다. 참으로 바울은 그리스도인들 사이의 영적인 삶을 잘 보여주지 않는가! 그는 이것을 로마와 고린도, 에베소, 골로새, 빌립보 등에서 일깨워주었다. 그 결과 그곳의 성도들은 하늘에 도달하는 능력 있는 기도로 하나님을 의존할 수 있었다.

모든 사역자도 그리스도의 몸이 하나 됨을 진정으로 인정한다면 이것은 그들에게 얼마나 큰 교훈이 될 것인가! 그들이 그리스도인들을 중보 기도자로 훈련하는 일에 노력을 기울이도록 구하라. 바울 자신이 성도들을 위한 기도에 열중했기에 그가 이러한 믿음을 갖고 있었음을 사역자들이 진정으로 이해하기를 구하라. 함께 이 가르침을 배우고, 사역자와 성도들이 함께 기도의 은혜 안에서 자라고, 그들의 모든 섬김과 그리스도인의 삶이 기도의 영으로 다스려진다는 사실의 증거가 되게 하시는 하나님을 구하라. 그때 우리는 하나님이 밤낮으로 자신에게 부르짖는 그분의 택한 백성들의 간구를 들어주신다는 확신을 하게 될 것이다.

30만 명의 영혼을 구원한
조지 뮬러의 기도

하나님은 우리에게 기도의 삶에 관한 모범으로 사도 바울을 보여주셨다. 또한 얼마나 놀라운 방법으로 기도를 들으시는지를 교회에 가르쳐주시기 위한 증거로 조지 뮬러를 주셨다. 하나님은 조지 뮬러가 평생 보육원을 운영할 수 있도록 수백만 파운드를 주셨을 뿐만 아니라 뮬러의 고백에 의하면 기도에 대한 응답으로 그에게 30만 명이 넘는 영혼을 주셨다. 그들 가운데에는 고아뿐만 아니라 그가 매일 신실하게, 때로는 50년 넘게 구원받으리라고 굳게 믿으며 기도해온 수많은 사람이 포함되었다. 누군가 조지 뮬러에게 무슨 근거로 그런 굳은 믿음을 가질 수 있었는지를 물었다. 그의 대답은 이러했다.

"제가 언제나 충족시키려고 애쓰는 다섯 가지 조건이 있습니다. 이것들을 준수함으로써 저는 제 기도의 응답을 의심치 않았습니다.

첫째, 저는 주님이 모든 사람이 구원을 받고 하나님을 아는 지식에 이르기를 원하신다("하나님은 모든 사람이 구원을 받으며 진리를 아는 데에 이르기를 원하시느니라"(딤전 2:4))고 믿기 때문에 주님이 그들을 구원하실 것이라는 확신을 조금도 의심하지 않았습니다. 또한 우리가 무엇이든지 구하는 바를 들으시는 줄("그를 향하여 우리가 가진 바 담대함이 이것이니 그의 뜻대로 무엇을 구하면 들으심이라"(요일 5:14))을 확신했습니다.

둘째, 저는 절대로 저의 이름으로 그들의 구원을 간구하지 않았습니다. 다만 귀하신 예수 그리스도의 복된 이름과 그분의 공로를 의지했습니다("내 이름으로 무엇이든지 내게 구하면 내가 행하리라"(요 14:14)).

셋째, 저는 항상 하나님이 저의 기도를 듣기 원하심을 굳게 믿었습니다("그러므로 내가 너희에게 말하노니 무엇이든지 기도하고 구하는 것은 받은 줄로 믿으라. 그리하면 너희에게 그대로 되리라"(막 11:24)).

넷째, 저는 항상 어떤 죄도 범하지 않으려고 힘썼습니다. 제가 마음에 죄악을 품으면 주님이 듣지 않으시기 때문입니다("내가 나의 마음에 죄악을 품었더라면 주께서 듣지 아니하시리라"(시 66:18)).

다섯째, 저는 때로 응답이 올 때까지 52년이 넘게 믿음으로 기도를 지속했습니다. 하나님이 자신에게 밤낮 부르짖는 택하신 자들의 원한을 당연히 갚아주지 않으시겠습니까?"

위의 다섯 가지 조건을 마음에 새기고 그 방법에 따라 기도하라. 기도할 때 당신이 원하는 것만을 말하지 말고 당신의 기도가 상달되고 있다는 것을 믿음으로 깨달을 때까지 하나님과 교제하라. 조지 뮬러가 걸었던 길은 모든 사람에게 열려 있는 은혜의 보좌로 향하는 새롭고 산 길이다(조지 뮬러의 기도생활에 관해 더 자세히 알고 싶다면 「조지 뮬러의 기도」라는 책을 읽어보라).

1천 명의 선교사를 탄생시킨
허드슨 테일러의 기도

　　허드슨 테일러가 청년 시절에 자신을 하나님께 주저함 없이 드렸을 때 하나님이 그를 중국으로 보내실 것이라는 강한 확신을 느꼈다. 그는 조지 뮬러의 전기를 읽고 하나님이 뮬러와 고아들의 필요를 위한 기도에 어떻게 응답하셨는지 알았다. 그는 자신도 뮬러처럼 하나님을 믿게 해달라고 기도하기 시작했다. 하지만 그런 믿음을 가지고 중국에 가기 위해서 먼저 영국에서 그런 믿음으로 살아야 한다고 느꼈다. 그는 하나님께 이것을 가능하게 해달라고 구했다.

　당시 그는 어떤 의사의 보조로 일했다. 그 의사는 마음씨는 좋은 사람이었으나 임금을 매우 불규칙적으로 지급했다. 이것은 조지 뮬러처럼 "아무에게도, 아무 빚도 지지 말라"는 말씀을 믿었던 그에게 매우 큰 문제이자 골칫거리였다. 그는 이 말씀이 실제로 이루어져 자신이 빚을 지지 않기를 바랐다. 그래서 자신이 먼저 임금 지급을 요구하기 전에 하나님이 그 의사의 마음을 움직이셔서 제날짜에 급여를 받게 해주시기를 구했다.

　그 일로 인해 허드슨 테일러는 하나님을 통해 사람들을 움직이는 방법을 배웠다. 이 심오한 배움은 후에 중국에서의 사역에 놀랍도록 큰 축복이 되었다. 그는 중국인들이 거듭날 것을 믿었고 그리스도인들이 각성해서 선교 사역을 뒷받침할 후원금을 낼 것을 믿었다. 또한 믿음의 법으로 우리의 필요를 하나님께 기도로 구하며 주님이 원하시는 대로 사람들을 움직여주시도록 하나님을 의지하는 신실한 선교사들을 찾을 수 있으리라고 믿었다.

허드슨 테일러는 중국에서 몇 년을 보낸 후에 각각 수백만이 넘는 영혼이 있지만 선교사는 없는, 중국 11개의 성과 몽골에 2명씩, 모두 24명의 선교사를 보내주시기를 하나님께 기도했다. 하나님은 그의 기도에 응답하셨다. 하지만 그들을 파송할 단체가 없었다. 그는 정말로 하나님이 자신의 필요를 채우신다고 믿었지만 그 24명을 용기 있게 혼자서 책임질 각오는 되어 있지 않았다. 그에게는 그들이 충분한 믿음을 가지고 있지 않을 수도 있다는 두려움이 있었다. 그로 인해 그는 심하게 갈등하고 매우 쇠약해졌다.

하지만 마침내 하나님이 자신을 돌보신 것처럼 그 24명도 틀림없이 돌보실 수 있음을 깨달았다. 그때부터 그는 그 책임을 기쁨으로 감당했다. 하나님은 수많은 믿음의 혹독한 시험을 통해 그를 인도하셨고 주를 완전히 신뢰하게 하셨다.

시간이 지나자 24명이 늘어나서 하나님의 도우심을 완전히 의지하는 천 명의 선교사들이 되었다. 후에 다른 선교단체들도 "믿음은 하나님이 사람들을 움직여서 그분의 자녀가 기도로 아버지께 구해야 할 것들을 할 수 있게 할 것이다"라는 법칙을 되뇌었고, 순종했던 테일러로부터 많은 가르침을 받게 되었음을 인정하게 되었다(허드슨 테일러의 생애에 관해 더 자세히 알고 싶다면 「나를 죽이고 예수로 산 사람」을 읽어보라).

매일 기도의 삶으로 예수님을 따르라

      주님은 "나를 따르라"는 말씀을 그분을 믿거나 그분께 복을 받기 원하는 모든 사람에게 하지 않으시고 오직 사람 낚는 어부가 되게 하실 그분의 제자들에게만 하셨다. 주님은 처음으로 제자들을 부르실 때만 이 말씀을 하신 것이 아니라 후에 베드로를 부르실 때도 하셨다. "이제부터 너는 사람을 낚으리라." 영혼을 구하고 그들을 사랑하고 구원에 이르게 하는 거룩한 기술은 그리스도와 가깝고 지속적인 교제를 통해서만 배울 수 있다. 이것은 사역자와 그리스도를 믿는 직업인과 다른 모든 사람에게 얼마나 훌륭한 교훈인가! 이 친밀한 관계는 주님의 제자들에게 위대하고 특별한 특권이었다. 주님은 제자들로 항상 자신과 함께 있게 하고 가까이에 두시려고 선택하셨다.

    우리는 마가복음 3장 14절에서 주님이 열두 제자들을 택하신 내용을 읽을 수 있다. "이에 열둘을 세우셨으니 이는 자기와 함께 있게 하시고 또 보내사 전도도 하며." 또한 잡히시기 전날 밤에는 다음과 같이 말씀하셨다. "너희도 처음부터 나와 함께 있었으므로 증언하느니라"(요 15:27). 다른 사람들도 이 사실에 주목했다. 예를 들어 대제사장 집의 한 여종은 베드로에게 다음과 같이 말했다. "이 사람도 그와 함께 있었도다." 산헤드린에서도 마찬가지였다. "그들이 예수와 함께 있었다." 그리스도의 증인이 될 사람의 가장 중요한 특징이자 필수적인 요건은 그가 그리스도와 함께 있다는 사실이다.

그리스도와 지속적인 교제는 성령의 사람들을 훈련하는 유일한 학교이다. 모든 성도에게 이는 얼마나 중요한 가르침인가! 갈렙처럼 주를 온전히 좇았던 자만이 예수님을 따르는 다른 영혼들에게 도를 가르칠 수 있다. 예수님이 친히 우리로 그분을 닮아가도록 훈련하시고, 다른 사람들이 우리에게 배우기를 원하신다는 것은 얼마나 큰 은혜인가! 그때 우리는 우리의 회심에 관해 바울처럼 말할 수 있을 것이다. "너희는 우리와 주를 본받는 자가 되라!" "나도 그리스도를 따르니 너희는 나를 따르라!"

어떤 스승도 예수님이 우리와 함께하시고 그 말씀을 전해주시는 것처럼 그렇게 함께하며 제자들의 문제를 떠맡은 적이 없다. 주님은 어떤 고통도 감내하려고 하셨다. 그분께는 어떤 시간도 너무 제한적이거나 너무 길지 않을 것이다. 주님은 그분을 십자가로 이끈 사랑 안에서 우리와 교제하고 대화하기를 원하신다. 우리를 변화시키고 거룩하게 하고 그분의 거룩한 사역에 적합하게 만들기를 원하신다.

그럼에도 감히 우리가 여전히 기도에 그토록 많은 시간을 보내는 것이 무리라고 말할 수 있을까? 우리를 위해 모든 것을 포기하신 그 사랑에 자신을 완전히 헌신하고, 날마다 주와 사귐을 갖는 것을 최고의 행복으로 여기지 않겠는가? 오, 하나의 축복을 원하는 모든 성도여! 주님은 당신과 함께 있기를 원하신다. 이것을 인생 최고의 기쁨으로 삼으라. 이것은 당신의 삶에 축복을 받기 위한 가장 확실한 준비이다.

> "오, 나의 주님! 나를 이끄시고, 도우시고,
> 굳게 붙드소서. 날마다 믿음으로
> 당신과 교제하며 사는 방법을 가르쳐주소서."

이 책에서 어떤 단어가 독자들의 생각에 영향을 줄 수 있겠는가! 작가의 생각을 이해하고 자기 것으로 만들어서 새로운 통찰력을 얻는 것과 지식이 가져다준 즐거움으로 기뻐하는 것만으로는 충분하지 않다. 훨씬 중요한 무언가가 필요하다. 그렇다. 진리에 자신을 굴복시켜야 한다. 그래야 하나님의 뜻에 따라 배우게 될 모든 것을 타협 없는 의지로써 즉시 실행할 준비를 할 수 있다.

기도의 삶과 하나님과 은밀한 교제를 다루는 이와 같은 종류의 책에서는 우리가 말씀과 하나님의 뜻에 따라 깨닫게 되는 모든 것을 받아들이고 순종할 각오가 되어 있는 것이 꼭 필요하다. 이 수용과 순종의 마음가짐이 부족한 채 지식만으로는 더 풍성한 삶을 얻을 수 없다.

사탄은 그리스도인의 기도시간의 주인이 되려고 갖은 노력을 기울인다. 왜 그런가? 사탄은 우리가 기도에 충실하지 않을 때 삶에서 천국의 자리를 조금씩 더 잃어가게 된다는 사실을 알기 때문이다. 구원받지 못한 사람들을 주께로 인도하거나 하나님의 자녀를 키워 내는 영적인 능력은 기도 없는 삶에서는 절대로 흘러나오지 않는다. 그 능력은 오직 꾸준한 기도로부터 나온다.

중요하고 강력한 질문이 있다. 우리는 사탄이 얼마간 빼앗아 간 믿음의 기도라는 무기를 되찾기 위해 결단할 각오가 되어 있는가? 우리는 이 중대한 문제를 심각하게 생각해야 한다. 하나님의 사람이라면 그가 매일 하늘로부터 오는 힘을 옷 입어야 하는 기도의 사람인지 아닌지에 모든 것이 달려 있다. 전 세계의 모든 교회와 마찬가지로 우리는 하나님을 섬기면서 기도가 하나님의 뜻과 약속에 따른, 그리고 성도와 목회자와 교회의 필요에 따른 제자리에 자리 잡고 있지 않다는 사실에 한탄해야 한다.

많은 성도가 집회에서 고백하는 공적인 헌신은 쉬운 일이 아니다. 더욱이 그 단계를 밟을 때 옛 습관과 육체의 힘이 그것을 무효화시키려고 하는 경향이 있다. 믿음의 능력도 아직 왕성하지 않다. 당연히 그리스도의 이름으로 사탄을 정복하기 위한 노력과 희생이 필요할 것이다. 교회는 사탄이 우리가 기도의 사람이 되는 것, 즉 주님 안에서 하늘과 땅의 승리를 강력히 얻는 자가 되지 못하도록 방해하려고 온 힘을 모으는 전쟁터이다. 이것은 우리 자신과 성도들과 하나님의 나라를 위해 얼마나 중요한가!

나는 두렵고 떨리는 마음과 많은 기도로 내가 믿는 것이 그리스도인들에게 이 문제를 해결하는 데 도움이 되도록 하려고 이 글을 써왔다. 나는 내가 무익한 사람이라는 것을 깊이 느끼며 나 자신을 기도의 자리로, 거룩함과 하나님과의 교제로 인도하는 안내자가 되기 위한 모험을 감수했다.

나는 주님께 이 책이 기도의 방에서 한자리를 차지하게 해주시고 읽는 자들을 도우셔서 그가 하나님의 뜻을 깨닫고 즉시 자신을 헌신하게 인도해주시기를 간구해왔다. 전쟁은 각각의 군사들이 생명을 바쳐 명령에 복종하는 것에 모든 것이 달려 있다. 마찬가지로 사탄과의 싸움에서도, 우리 개개인이 이 단순한 책을 읽는 것에서도 마음속에 "하나님이 말씀하시면 제가 따르겠나이다. 당신의 뜻이라고 깨달아지는 것은 즉시 받아들이고 그에 따라 행하겠습니다"라고 말할 준비가 되어 있어야 한다.

하나님이 우리 모두에게 헌신하는 심령을 주셔서 우리가 하나님의 말씀에 따라 이 책에서 읽은 것을 즉시 순종할 수 있기를 바란다. 하나님이 그분의 위대한 은혜로 우리가 서로를 생각하고 도와주는 친교의 띠를 나타내게 해주시고 기도의 싸움에 강하게 하시기를! 그로 인해 원수는 정복되고 하나님의 생명이 영광스럽게 나타나게 될 것이다.

머레이가 말하는
조지 뮬러의 기도 응답 비밀

*　*　*　*　*

현재에서는 제대로 이해되지도, 실행되지도 않는 참신한 진리를 교회에 가르쳐주고 싶어 하실 때, 하나님은 말과 행동을 통하여 그 축복에 대한 살아 있는 증거가 될 수 있도록 한 사람을 세움으로써 대부분 그렇게 하신다. 그러므로 하나님은 이 19세기에 다른 사람들 사이에서 조지 뮬러를 세우셔서 하나님이 실제로 기도를 들으시는 분임을 보여주는 증인으로 삼으셨다. 나는 기도와 관련하여 하나님의 말씀에 담긴 주요한 진리들이 조지 뮬러의 삶을 비롯하여 뮬러가 자신의 기도 체험에 관하여 언급하는 이야기를 간략히 개관하는 것보다 더 효과적으로 설명하고 정립할 수 있는 다른 방법을 알지 못한다.

조지 뮬러는 1805년 9월 25일 프러시아에서 태어났으며, 지금 나이는 80세이다(이 짧은 글은 앤드류 머레이가 1886년에 쓴 글이다 - 편집자주).

심지어 신학생으로서 할레대학교에 들어간 이후에도 초창기 시절에는 지극히 심술궂은 사람이었다. 겨우 스무 살 무렵이던 어느 날 저녁, 친구의 인도로 한 기도회에 참석하여 깊은 감동을 받은 이후로 얼마 지나지 않아 뮬러는 인격적으로 구세주를 알게 되는 축복을 누리게 되었다. 그로부터 오래지 않아 조지 뮬러는 선교사들의 보고서를 읽기 시작하였으며, 얼마 후에는 유대인들에게 기독교를 전파하기 위하여 런던선교학회에 자기 자신을 헌신하게 되었다.

처음에는 학생으로 받아들여지게 되었지만 머지않아 그 학회의 규정에 따라 모든 것을 순복할 수 없다는 사실을 발견하게 되었다. 그 규정은 성령의 인도하심에 대해 너무나 적은 여지와 자유를 남겨놓았기 때문이다. 그리하여 이러한 연관성은 상호 동의 아래 1830년에 끝나고 말았으며, 그 뒤 뮬러는 테인머스에서 조그만 회중을 돌보는 목회자가 되었다. 1832년에는 브리스톨로 인도를 받았으며 고아원과 다른 사역으로 인도받았던 베데스다 채플의 목회자가 되었다. 그와 관련하여 하나님은 조지 뮬러를 너무나 놀랍게 인도하여 하나님의 말씀을 신뢰하고 하나님이 그 말씀을 어떻게 성취하시는지를 체험하게 하셨다.

조지 뮬러의 영성생활과 관련한 몇 가지 발췌문은 기도에 관한 뮬러의 경험 중에서 우리가 특별히 인용하고 싶은 것들에 대한 길을 열어준다.

"이와 관련하여 주님은 내가 경건생활을 시작하는 바로 그 순간부터 아주 은혜롭게 나에게 영적인 것들에 대한 단순함이라는 척도와 어린아이 같은 성향이라는 기준을 허락해주셨다. 그래서 내가 지나칠 정도로 성경에 무지하여 아직도 시시때때로, 심지어 외적인 죄악으로 넘어지는 동안에도 기도하고 계시는 주님에게 아주 세세한 문제라도 여전히 가지고 나아갈 수 있었다. 그리고 '육체의 연단은 약간의 유익이 있으나 경건은 범사에 유익하니 금생과 내생에 약속이 있느니라'(딤전 4:8)는 사실을 발견하게 되었다. 비록 매우 연약하고 무지하기는 하지만, 그럼에도 여전히 하나님의 은혜로 나에게는 지금 다른 사람들에게 유익을 끼치고 싶다는 소망이 어느 정도 자리 잡고 있으며, 한때는 너무나 성실하게 사탄을 섬겼던 사람이 이제는 그리스도를 위하여 영혼을 얻기 위해 분투하고 있다."

조지 뮬러가 하나님의 말씀을 활용하는 법과 그 말씀을 더욱 명확하게 깨닫도록 하나님이 허락하신 선생으로서 성령을 신뢰하는 법을 깨닫도록 인도함을 받은 것은 테인머스에서였다. 그 당시를 뮬러는 이렇게 기록하고 있다.

"그때 하나님은 오직 하나님의 말씀만이 영적인 문제에서 우리의 판단 기준이라는 사실을 나에게 보여주기 시작하셨다. 또한 그 말씀은 오직 성령을 통해서만 설명될 수 있으며, 이전 시대뿐만 아니라 우리 시대에도 그건 역시 마찬가지라는 사실을 나에게 보여주셨다. 성령님은 하나님의 백성들을 가르치는 선생이셨다. 그 이전에 나는 이와 같은 성령의 직분을 경험적으로 이해하지 못했다.

그것은 특히 이와 같은 후자의 요점을 이해하기 위한 출발점이었으며 나에게 커다란 영향을 끼치게 되었다. 왜냐하면 주님은 나로 하여금 각종 주석과 거의 모든 다른 책들을 옆으로 제쳐두고 단순히 하나님의 말씀만을 읽고 공부하게 하심으로써 그것을 경험으로 시험해볼 수 있게 하셨다.

그 결과는 내가 성경 말씀에 따라 기도하고 묵상하는 일에 나 자신을 드리기 위하여 내 방문을 걸어 잠군 첫째 날 저녁에, 단 몇 시간도 지나지 않아서 이전에 여러 달에 걸쳐 했던 것보다 더 많은 것을 배우게 되었다. 그러나 특별한 차이점은 그렇게 함으로써 나는 내 영혼에 실질적인 힘을 얻었다는 점이다. 이제 내가 배우고 보았던 것들을 성경으로 시험하려 노력하기 시작하였으며, 그 시험을 이겨낸 그러한 원리들만이 참된 가치가 있다는 사실을 발견하게 되었다."

하나님의 말씀에 순종하는 것에 대하여, 세례(침례)받는 것과 관련하여 조지 뮬러는 다음과 같이 기록하고 있다.

"내가 성경에서 무엇을 발견하든지 간에 내 삶을 통해 기꺼이 실행하려는 그와 같은 상태로 내 마음을 변화시킨 것은 물론 하나님의 풍성하신 자비이기는 했지만 하나님을 기쁘시게 하였다. '나는 그분의 뜻대로 행할 것'이라고 말할 수 있었으며, 내가 믿기로 '어느 교리가 하나님께로부터 말미암은 것인지'를 알게 되었던 이유도 바로 그 때문이었다. 그런데 여기서 나는 방금 전에 넌지시 언급했던 단락이 우리의 가장 거룩한 믿음에 대한 수많은 교리와 교훈에 관하여 나에게 가장 놀라운 언급들이었음을 관찰하게 되었던 것이다(요 7:17 참조).

예를 들면 '나는 너희에게 이르노니 악한 자를 대적하지 말라. 누구든지 네 오른편 뺨을 치거든 왼편도 돌려 대며 또 너를 고발하여 속옷을 가지고자 하는 자에게 겉옷까지도 가지게 하며 또 누구든지 너로 억지로 오 리를 가게 하거든 그 사람과 십 리를 동행하고 네게 구하는 자에게 주며 네게 꾸고자 하는 자에게 거절하지 말라. 또 네 이웃을 사랑하고 네 원수를 미워하라 하였다는 것을 너희가 들었으나 나는 너희에게 이르노니 너희 원수를 사랑하며 너희를 박해하는 자를 위하여 기도하라'(마 5:39-44). '너희 소유를 팔아 구제하여 낡아지지 아니하는 배낭을 만들라. 곧 하늘에 둔 바 다함이 없는 보물이니 거기는 도둑도 가까이 하는 일이 없고 좀도 먹는 일이 없느니라'(눅 12:33). '피차 사랑의 빚 외에는 아무에게든지 아무 빚도 지지 말라. 남을 사랑하는 자는 율법을 다 이루었느니라'(롬 13:8)는 말씀들이다.

그러나 '확실히 이러한 구절의 말씀들은 문자 그대로 취할 수는 없지 않겠는가? 왜냐하면 그렇게만 한다면 도대체 어떻게 하나님의 백성들이 세상을 뚫고 들어갈 수 있겠는가?'라고 말할 수도 있을 것이다. 하지만 '사람이 하나님의 뜻을 행하려 하면 이 교훈이 하나님께로부터 왔는지 내가 스스로 말함인지 알리라'(요 7:17)는 말씀에서 명령하는 마음 상태는 그러한 이의 제기를 사라지게 한다. 우리 주님의 이러한 명령들을 기꺼이 문자 그대로 실행하려는 사람들은 내가 믿기에 누구든지 나와 마찬가지로 문자 그대로 이 명령들을 받아들이는 게 하나님의 뜻임을 깨닫게 될 것이다.

흔히 이런 식으로 하나님의 명령을 취하는 사람은 틀림없이 여러 가지 어려움에 봉착하게 되는데 그것들은 육신으로 굉장히 견디기 힘들 일이다. 그러나 이러한 상황들은 끊임없이 그 사람으로 하여금 여기 이 세상에서는 낯선 자이며 순례자요, 이 세상은 본향이 아니라고 느끼게 한다. 그리하여 하나님에게 더 많은 것을 내던지게 한다. 왜냐하면 바로 그 하나님이 어떤 난관이라도 능히 헤쳐나갈 수 있도록 확실히 도와주실 것이라 믿기 때문이다."

하나님의 말씀에 대한 이와 같은 절대적인 순복은 물질과 관련하여 확실한 관점과 행위로 조지 뮬러를 인도하였으며, 그것이 뮬러의 인생에 강력한 영향을 미쳤다. 그것은 우리가 돈에 관해서는 단지 하나님의 청지기일 뿐이며, 그러므로 모든 돈은 하나님과 직접적으로 교제하는 가운데 받고 나눠주어야 한다는 확신 속에 견고히 뿌리를 내리게 했다. 이것은 조지 뮬러로 하여금 다음과 같은 4가지 커다란 규칙 안에서 행하도록 인도했다.

첫째, 어떤 고정적인 사례도 받지 말자. 그런 사례를 받으려고 하다 보면 상당히 많은 경우에 하나님을 섬기는 일이 유지되도록 하기 위한 자유로운 헌금에 문제가 생길 수 있다. 그뿐만 아니라 그런 사례를 받으려고 하다 보면 살아계신 하나님 자신을 신뢰하기보다는 인간적인 수입원에 더 많이 의존하게 되는 위험성이 상존하기 때문이다.

둘째, 어떤 인간적인 도움도 요청하지 말자. 아무리 그 필요성이 크다 할지라도, 오히려 조지 뮬러는 그분의 종을 돌보며 그 종들의 기도를 듣겠다고 약속하신 하나님께 자신의 부족함을 아뢰었다.

셋째, "네 소유를 팔아 가난한 자들에게 주라"(마 19:21)는 이와 같은 명령을 문자 그대로 받아들이기 위해서는 절대로 돈을 저축하지 않고, 오히려 하나님이 자신에게 맡긴 모든 물질을 그때그때 하나님의 가난한 자들과 하나님 나라의 일에 전부 쓰는 것이 올바른 순종이다.

넷째, "피차 사랑의 빚 외에는 아무에게든지 아무 빚도 지지 말라. 남을 사랑하는 자는 율법을 다 이루었느니라"(롬 13:8)는 말씀을 문자 그대로 받아들이기 위해서는 절대로 신용카드나 빚을 내 물건을 구입하는 대신, 오히려 하나님의 공급하심을 신뢰하자.

이와 같은 생활 방식이 처음에는 그리 녹록치 않았다. 그러나 뮬러는 하나님 안에서 안식하기 위하여 그분 앞으로 나아와 뒷걸음질치고 싶은 유혹을 받을 때마다 하나님과 더욱 친밀한 연합으로 나아가는 영혼이 가장 복되다는 사실을 입증했다. 왜냐하면 죄악 가운데 살아가면서 하나님과 친교를 나누며, 현재에 필요한 모든 것을 하늘로부터 가지고 내려오는 것은 그럴 법하지도 않았고 가능하지도 않았기 때문이다.

뮐러는 브리스톨에 정착한 지 얼마 지나지 않아 국내 및 해외를 위한 성경지식연구원을 설립하여 주중학교, 주일학교, 선교사역, 성경사역 등의 사역을 했다. 이 단체의 사역 가운데에서 조지 뮐러를 가장 널리 알려지게 했던 고아원 사역은 그 가지 가운데 하나가 되었다. 뮐러가 여러 학교들 가운데 한 곳에서 그리스도께로 인도되었으나 영적인 필요를 전혀 공급받지 못하고, 어쩔 수 없이 아동보호소로 보내져야 했던 어떤 고아의 경우로 말미암아 마음에 커다란 부담을 느낀 것은 1834년이었다. 그리고 고아원 사역을 직접하고 있던 프랑케(Franke)를 만난 직후에 뮐러는 이렇게 기록했다(1835년 11월 20일).

"오늘 나는 이제 더 이상 고아원을 세워야겠다는 마음만 품지 않고 일단 그 일을 착수해야겠다는 다짐을 하게 되었다. 하나님의 마음을 분별하기 위하여, 그런 생각을 존중하면서 상당히 많은 기도를 쌓아오고 있었다. 하나님이여, 당신의 뜻을 밝히 드러내소서."

다시 한번 25일자 일기에서는 이렇게 기록하고 있다.

"나는 어제와 오늘에 걸쳐 고아원에 관하여 다시금 상당히 많이 기도했다. 그러면서 점점 더 그게 하나님의 뜻이라는 확신을 품게 되었다. 하나님이여, 자비를 베푸셔서 저를 인도하여주소서. 거기에는 다음과 같은 3가지 주요한 이유가 있다. 첫째, 하나님이 영광 받으실 것이라는 점, 나에게 그러한 수단들을 제공하시면서 하나님이 기뻐하심에 틀림없는 것, 하나님을 신뢰하는 것은 쓸데없는 짓이 아니라는 사실이 분명히 드러나게 된 점, 그리하여 하나님의 자녀들의 믿음도 역시 강해질 수 있다는 점. 둘째, 아버지와 어머니가 없는 자녀들의 영적 전쟁을 위하여. 셋째, 그 아이들의 일시적인 전쟁을 위하여."

하나님을 기다리면서 몇 달 동안 기도한 뒤 35명의 아이들을 위한 공간을 갖춘 집 한 채를 임대하였다. 그 후 석 달이라는 시간이 더 흐르는 과정에서 전부 120명의 아이들을 받아들이게 되었다. 그 사역은 10년 동안 이런 식으로 계속 진행되었으며 오직 하나님께만 고아들에게 필요한 모든 것을 공급해달라고 요청했다. 그것은 종종 절박한 필요와 간절한 기도의 시간이기도 했지만 금보다 더 귀한 믿음의 시험은 하나님을 찬양하고 그분께 모든 영광을 돌리도록 하였다. 하나님은 이런 뮬러를 위해 더 큰일을 준비하고 계셨다.

하나님의 섭리와 성령님으로 말미암아 조지 뮬러는 하나님으로부터 300명의 아이들을 받아들일 수 있는 집을 구하는 데 필요한 1만 5천 파운드를 확실하게 약속받을 때까지 하나님을 바라면서 기다리도록 인도하심을 받았다. 이 첫 번째 집을 1849년에 열었다. 1858년에는 950명 이상의 고아들을 위해 3만 5천 파운드의 비용을 들여 두 번째, 세 번째 집을 열었다. 그리고 1869년과 1870년에는 850명의 고아들을 위하여 네 번째와 다섯 번째 집을 열었는데, 이번에는 5만 파운드의 비용이 들었다. 그리하여 총 2,100명의 고아들을 받아들일 수 있게 되었다.

이 사역과 더불어 하나님은 조지 뮬러에게 고아원 건축, 고아들을 돌보는 일, 또 다른 사역, 각종 학교와 선교단체 후원, 성경과 전도용 소책자 발행과 배포와 같은 아주 많은 일을 주셨다. 이 모든 일을 통하여 조지 뮬러는 50년 동안 하나님의 일을 할 수 있도록 하나님으로부터 영국 돈으로 1백만 파운드 이상을 받았다. 조지 뮬러가 하나님의 말씀과 성령의 인도하심에 순종하여 1년에 겨우 35파운드라는 조그만 사례비를 포기했을 때 하나님이 그런 순종과 믿음에 대한 보상으로 뮬러에게 허락하기 위하여 준비해 놓으셨던 것을 주의 깊게 주목해보라. 아마 뮬러는 꿈에도 상상하지 못한 선물들이었을 것이다. 이 얼마나 놀랍도록 하나님의 말씀이 조지 뮬러에게 성취되었단 말인가! "그 주인이 이르되 잘하였도다. 착하고 충성된 종아 네가 적은 일에 충성하였으매 내가 많은 것을 네게 맡기리니 네 주인의 즐거움에 참여할지어다"(마 25:23).

그런데 이러한 일들은 우리에게 본보기를 보여주기 위하여 일어났다. 하나님은 우리도 역시 조지 뮬러의 본보기를 따르는 자들이 되라고 부르고 계신다. 비록 조지 뮬러는 그리스도의 본보기를 따랐을지라도 말이다. 뮬러의 하나님은 역시 우리의 하나님이기도 하며 그와 동일한 약속은 우리에게도 역시 허락하신 것이다. 조지 뮬러가 수고한 그와 같은 사랑과 믿음의 섬김은 모든 측면에서도 우리를 위한 부르심이기도 하다.

그리스도의 기도학교에서 우리가 배운 교훈들과 관련하여 하나님이 기도의 사람인 조지 뮬러에게 그토록 놀라운 능력을 베푸신 방식을 한 번 찬찬히 공부해보라. 우리가 하나님의 말씀 안에서 복되신 주님과 함께 지금까지 쭉 공부해온 몇몇 교훈들의 가장 놀랍고 구체적인 설명이 그 안에 들어 있음을 발견하게 될 것이다.

우리는 우리를 향하신 주님의 가장 큰 교훈에 특별한 인상을 받게 되는데, 만약 우리가 하나님의 뜻을 따라서, 하나님의 말씀을 통하여, 성령으로 말미암아 우리에게 알려주신 대로 명확한 기도 제목을 가지고 하나님이 지시하시는 방식으로 그분께 나아간다면 우리는 무엇이든지 구하는 대로 이루어질 것이라는 매우 커다란 확신을 가질 수 있을 것이다.

특별수록. 머레이가 말하는 조지 뮬러의 기도 응답 비밀

기도와 하나님의 말씀

하나님이 우리의 기도에 응답하시는 것은 우리가 하나님의 음성을 얼마나 경청하느냐에 따라 달려 있다는 사실을 지금까지 여러 차례 주목해왔다. 우리는 특별한 기도 제목을 가지고 간구하러 나아갈 때 특별한 약속의 말씀을 붙잡아야 한다. 그뿐만 아니라 우리의 모든 삶이 그 말씀의 주권 아래 머물러 있어야 한다. 그 말씀이 우리 안에 내주해 있어야 한다. 바로 이 점에 관한 조지 뮬러의 간증은 매우 교훈적이다. 조지 뮬러는 하나님의 말씀과 그에 관한 성령의 가르침이 차지해야 할 진정한 자리를 발견함으로써 영성생활에서 어떻게 새로운 시대를 시작하게 되었는지를 우리에게 말해준다. 그에 관하여 조지 뮬러는 이렇게 기록하고 있다.

"이제 성경적인 방식의 추론은 이런 식으로 전개되어야 한다. 하나님 자신이 창시자가 되기 위하여 이 땅에 내려오셨으며, 성령이 그분의 종들을 도구로 사용하여 기록할 수밖에 없었던 그 소중한 책에 대하여 나는 무지하지만 거기에는 내가 알아야 하는 것과 나를 참된 행복으로 인도하는 지식이 포함되어 있다. 그러므로 나는 이처럼 가장 소중한 책을, 이 책 중의 책을 아주 간절한 마음으로, 기도하는 마음으로 깊이 묵상하면서 읽고 또 읽어야 한다. 그리고 이와 같은 훈련을 통하여 내 삶을 하루 종일 꾸려가야 한다. 왜냐하면 그 책을 단지 조금밖에 읽지 않았기에 그 책에 관하여 거의 아무것도 모른다는 사실을 깨달았기 때문이다. 그러나 그 책을 더 많이 공부하기 위하여 하나님의 말씀에 관한 무지로 말미암아 인도함을 받아서 이런 식으로 반응하는 대신에, 내가 성경을 이해하면서 겪는 어려움과 그 책에서 별다른 기쁨을 누리지 못하는 것은 나로 하여금 성경책을 읽는 일에도 그다지 많은 주의를 기울이지 못하게 만들었다. 왜냐하면 굉장히 많이 기도하는 마음으로 하나님의 말씀을 읽는 것은 단지 더 많은 지식을 제공할 뿐만 아니라 그 책을 읽으면서 얻는 기쁨을 키워주기 때문이다.

그러므로 다른 많은 성도와 마찬가지로 나는 실제로 경건생활을 시작한 지 처음 4년 동안에는 살아계신 하나님의 여러 가지 신탁에 영감받지 않은 사람들의 작품을 더 좋아했다. 그와 같은 실패는 지식과 은혜 두 영역 모두에서 나를 어린아이로 남아 있게 하였다. 이를테면 지식에서도 모든 참된 지식에 관하여 성령을 통해 하나님의 말씀에서 유래를 찾아야 했다. 그런데 내가 그 말씀을 무시했을 때 거의 4년 동안 굉장히 무식해져서, 심지어 우리의 거룩한 믿음에 관한 아주 기본적인 요점들조차도 분명히 파악할 수 없었다."

"그런데 가장 슬픈 일은 이와 같은 지식의 부족은 꾸준히 하나님의 길을 걸어가지 못하도록 뒤처지게 만들었다는 사실이다. 왜냐하면 내가 1829년 8월에 사실상 성경으로 다시 돌아오자 주님은 매우 기뻐하셨으며 그로 말미암아 내 삶과 품행이 굉장히 달라졌다. 또한 비록 그때 이후로 내가 마땅히 서 있어야 하는 모습에는 상당히 많이 못 미치기는 했지만 하나님의 은혜로 나는 이전보다 훨씬 더 많이 하나님과 가까운 곳에서 살아갈 수 있게 되었다. 만약 어떤 성도들이 실제로 거룩한 성경책보다 다른 책들을 더 좋아하며, 하나님의 말씀보다 훨씬 더 많이 사람들의 작품을 읽는다면 그 사람들은 나의 실패를 통하여 경고를 받을 수 있을지도 모르겠다."

"이 주제를 떠나기 전에 나는 한마디를 덧붙이고 싶다. 만약 어떤 독자가 하나님의 말씀에 대해 아주 조금밖에 이해하지 못하는 경우라면 그 사람은 성경책을 상당히 많이 읽어야 할 것이다. 왜냐하면 성령께서 말씀으로 말씀을 설명하실 것이기 때문이다. 그런데 만약 그 사람이 조금씩 성경 말씀을 읽는 것을 즐거워한다면 성경을 자주 읽으면서 그로 말미암아 기쁨을 찾을 수 있기 때문에 그는 점점 더 많이 성경을 읽고 싶어 하게 될 것이다. 다른 무엇보다 그 사람은 오직 하나님만이 성령을 통하여 자신을 가르칠 수 있다는 사실을 자기 자신의 마음속에서 확정하려고 애써야 하며, 그러므로 하나님께 축복을 달라고 기도할 때 그 사람은 성경을 읽기 전부터, 또한 성경을 읽는 동안에도 하나님의 축복을 구하게 될 것이다."

"더구나 비록 성령이 가장 좋고 충분한 선생님이기는 하지만, 그럼에도 이 선생님은 언제나 우리가 원할 때마다 즉각적으로 가르쳐 주지는 않으신다는 사실을 자기 마음속으로 확정해야 했을 것이다.

기도가 전부가 되게 하라

그러므로 우리는 어떤 특정한 단락에 대하여 자꾸만 반복해서 그분께 여쭈어봐야 할 수도 있다. 그래야 성령은 우리에게 명확하게 가르쳐주실 것이다. 만약 우리가 정말로 기도하는 마음으로, 참을성 있게, 하나님의 영광을 바라보면서 빛을 찾기만 한다면 말이다."

우리는 조지 뮬러가 일기를 통해 자신의 영성생활을 살찌우기 위하여 하나님의 말씀을 붙들고 기도하느라 두세 시간씩 보내게 되었다는 언급을 자주 발견하게 된다. 이와 같은 기도생활의 열매로써 뮬러는 기도 가운데 힘과 격려가 필요할 때는 하나님 아버지의 살아 있는 음성으로 들었던 살아 있는 말씀들을 들었으며, 이제 그로 말미암아 뮬러는 살아 있는 신앙을 가지고 하나님 아버지께로 나아올 수 있게 되었다.

기도와 하나님의 뜻

　어린 성도들이 겪는 가장 큰 어려움 가운데 하나는 자신이 원하는 게 하나님의 뜻에 따른 것인지 아닌지의 여부를 도대체 어떻게 알 수 있는가 하는 것이다. 나는 그것이 하나님께서 조지 뮬러의 경험을 통하여 가르치시기 원하는 가장 소중한 교훈들 가운데 하나라고 생각한다. 하나님이 말씀에서 직접적으로 언급하시지 않은 것들 중에서 기꺼이 우리에게 알려주시길 원하는 교훈이라고 생각한다. 그것이 바로 우리를 향한 하나님의 뜻이며 우리가 얼마든지 구할 수 있는 것이다.

　성령의 가르침은 말씀을 배제하거나 상충되지 않으며 오히려 그 말씀을 뛰어넘어 초월하는 것이다. 그리고 그 말씀에 더하는 것이며 그것 없이는 우리가 하나님의 뜻을 알 수 없기에 모든 성도가 물려받아야 할 유산이다. 성령이 우리의 특별한 필요에 일반적인 원칙이나 약속들을 적용함으로써 가르치시는 것은 오직 말씀을 통해서다. 실제로 우리가 가는 길에 말씀을 빛으로 만들 수 있는 분은 오직 성령뿐이시다. 그것이 우리가 일상에서 의무적으로 걸어가야 하는 길이든, 아니면 믿음으로 하나님께 가까이 나아가야 하는 길이든 상관없이 말이다. 그러므로 우리는 그분의 종에게 너무나 확실하고 명확하게 알려주시는 하나님의 뜻을 발견하기 위하여 어린 아이 같은 단순함과 온순함으로 나아가야 한다.

하나님의 뜻이라는 확신 속에서 첫 번째 고아원을 건축하는 것과 관련하여 조지 뮬러는 1850년 5월, 그 고아원이 문을 연 직후에 그때까지 겪었던 여러 가지 큰 어려움에 관하여 이야기했다. 하지만 그런 어려움이 자연스럽게 사라진 상태에서는 그 어려움이 얼마나 자그맣게 보일 수밖에 없었는지를 찬찬히 기록하고 있다.

"그러나 내 앞에 있는 가능성이 나를 압도하는 동안 나는 그것을 아주 자연스럽게 바라보았으며 그것이 어떻게 귀결될 것인지에 관하여 단 한 번도 의문을 품지 않았다. 왜냐하면 나는 그 출발점에서부터 하나님을 위하여 이처럼 거대한 고아원을 건축하는 일로 나아가야 하는 것이 하나님의 뜻이라고 확신했기 때문이다. 나는 그 시작에서부터 마치 고아원이 벌써 아이들로 가득 채워진 것처럼 전체 과정을 순조롭게 마칠 수 있을 것이라 확신했다."

무엇이 하나님의 뜻이었는지를 발견하는 조지 뮬러의 방법은 특히 두 번째 고아원을 건축하는 과정에 대한 그의 언급에서 아주 명확하게 드러나 있다. 나는 독자들에게 이 이야기가 전해주는 교훈을 주의 깊게 공부하도록 요청하는 바이다.

"1850년 12월 5일. 이러한 상황들 아래서 나는 다정다감하게 자비를 베푸시는 주님께 나를 통하여 사탄이 유익을 얻는 일이 없도록 간절히 기도할 수밖에 없었다. 하나님의 은혜로 내 마음은 이렇게 말하고 있었다. '주님, 이 문제에서 제가 전진하는 게 주님의 뜻이라는 사실을 확실할 수만 있다면 저는 기쁜 마음으로 그렇게 할 수 있습니다. 그런데 다른 한편으로 만약 이것들이 헛되고 어리석고 교만한 생각이라면, 그것들이 당신으로부터 온 게 아니라 사탄의 유익을 위하는 일이라면 저는 당신의 은혜로 그것들을 싫어하면서 완전히 그만둘 것입니다.'"

"내 소망은 하나님 안에 있다. 하나님이 나를 도와주시고 가르쳐주실 것이다. 그러나 하나님이 이전에 나를 다루셨던 것들로 판단해보았을 때 만약 하나님이 여전히 이런 식으로 훨씬 더 많이 수고하도록 나를 부르셨다면 그건 나에게 전혀 이상한 일이 아니다."

"고아원 사역을 더욱 확장하려는 생각은 최근에 재정 후원이 많이 들어왔다고 해서 품은 생각이 아니다. 왜냐하면 나는 최근에 약 7주 동안이나 하나님을 기다리고 있었기 때문이다. 그동안 조금씩, 상대적으로 아주 조금씩, 곧 이전에 들어왔던 것보다 4배 정도나 더 많은 지출이 생겨나고 있었기 때문이다. 주님이 이전에 나에게 많은 돈을 보내주시지 않았더라면 우리는 정말 커다란 곤란에 빠질 수밖에 없었을 것이다."

"주님! 이 문제에서 당신의 종이 어떻게 당신의 뜻을 알 수 있을까요? 당신은 저와 같은 종을 가르치기를 기뻐하지 않으십니까? 저에게 가르쳐주소서!"

"12월 11일. 마지막 6일 동안 위에서 언급한 이후로 나는 줄곧 날마다 이 문제에 관하여 하나님을 기다리고 있었다. 그것은 일반적으로 온종일 내 마음속에 어느 정도 자리 잡고 있었다. 밤에 깨어 있을 때에도 그건 결코 내 생각에서 멀어지지 않았다. 그러나 이 모든 일에 별다른 흥분도 찾아오지 않았다. 나는 그 문제에 관하여 이상할 정도로 고요하고 차분한 상태를 유지할 수 있었다. 내 영혼은 이와 같은 섬김에서 전진하고 있다는 사실을 기뻐하고 있었다. 그러면서 주님이 나에게 그렇게 하도록 시키셨다는 확신을 가질 수 있었다. 그래서 이때 수없는 어려움에도 불구하고 모든 일이 잘될 것이며 하나님의 이름이 찬양을 받으실 것이라 믿게 되었다."

"다른 한편으로 주님은 현재 활동 범위에 대해 나로 하여금 만족하게 하실 것이며 내가 그 일을 더욱 확장시키는 것과 관련하여 기도해서는 안 된다고 확신하고 있었다. 그런데 하나님의 은혜로 별다른 노력 없이도 거기에 기쁜 마음으로 순복할 수 있었다. 주님이 나를 그와 같은 마음 상태로 인도하셔서 나는 이 문제에 관하여 오직 그분만을 기쁘게 하기를 소망하고 있다. 더욱이 지금까지 나는 이 일에 관하여, 심지어 사랑하는 아내에게까지도 아무런 언급이나 내색조차 하지 않았다. 또한 앞으로 한동안 그렇게 할 수 있을 것 같다. 왜냐하면 나는 이 주제에 관하여 아무런 대화도 나누지 않고 오직 주님만을 잠잠히 기다리는 것을 더 좋아하기 때문이다. 이런 식으로 하나님의 은혜로 말미암아 외부의 일들로부터 영향을 받지 않고 훨씬 더 쉽게 자신을 지킬 수 있도록 하기 위해서 말이다.

이 문제에 관하여 내가 기도하면서 느끼는 부담은 주님이 나로 하여금 아무런 실수도 저지르지 않도록 해달라는 것이었다. 주님이 그분의 뜻대로 행할 수 있도록 나를 가르쳐달라는 것이었다."

"12월 26일. 내가 이전 단락을 기록한 지도 벌써 15일이라는 시간이 경과했다. 그때 이후로 날마다 나는 이 문제에 관하여 계속해서 기도했다. 하나님의 도우심으로 간절한 마음이라는 멋진 수단을 활용하여 그렇게 했다. 이렇게 깨어 있는 날 동안에는 이 문제가 내 앞에 조금이라도 얼쩡거리지 않았던 시간은 거의 없었다. 그러나 조그만 흥분의 그림자도 전혀 없었다. 나는 그에 관하여 누구와도 대화를 나누지 않는다. 지금까지 나는 사랑하는 아내와도 그런 대화를 나눈 적이 한 번도 없다. 이를 위하여 나는 가만히 삼가고 있을 뿐이며 그 문제에 대하여 오직 하나님만이 다루실 수 있다고 생각하고 있다. 어떤 외부의 영향력도 하나님이 그분의 뜻을 나에게 명확하게 보여주실 것이라는 확신을 흔들지 못한다."

"오늘 저녁, 나는 특별히 하나님의 뜻을 알기 위한 중대한 시기를 맞이하고 있다. 그러나 나로 하여금 이 사업에 현혹되지 않도록 해달라고 주님께 계속해서 간구하며 부르짖는 동안 그 문제가 어떻게 진행될 것인지에 관하여 내 마음속에 어떤 의심도 들지 않았다. 나는 오직 이 문제를 계속해서 밀고 나가야 한다는 생각밖에 다른 어떤 생각도 떠오르지 않았다. 이것이 하나님의 뜻이라면 하나님의 은혜로 몇 년이라도 기다릴 수 있을 것이다. 다른 한편으론 주님이 그렇게 하라고 명령하신다면 당장 내일이라도 그 일에 착수할 수 있을 것이다."

"이와 같은 마음의 고요함, 이처럼 그 문제에서 나 자신의 뜻을 전혀 품지 않는 것, 이렇게 그 문제에서 오직 하늘에 계신 아버지만을 기쁘게 하기를 원하는 것, 거기에서 내 명예가 아니라 오직 하나님의 영광만을 구하는 것, 이와 같은 심령의 상태는 내가 분명히 말하건대 내 마음이 어떤 육신적인 흥분 상태 아래 있지 않으며 오직 나로 하여금 이런 식으로 계속해서 나아갈 수 있도록 도와준다. 그렇다면 이것은 하나님의 뜻을 온전히 깨달을 수 있는 가장 완전한 확신이다."

"나는 겨우 3백 명의 고아들에게 성경의 교훈을 전하는 대신 천 명의 고아들에게 그렇게 할 수 있기를 원한다. 하나님은 여전히 우리의 기도를 들어주시며 그 기도에 응답하시는 분임을, 그리고 지금까지 계속 그래 왔으며 앞으로도 쭉 그러실 것처럼 하나님은 지금도 살아계신 하나님임을 훨씬 더 풍성하게 드러낼 수 있기를 바란다. 이 마지막 고려사항은 내 마음속에서 가장 중요한 요점이다. 주님의 명예는 이 전체 문제에서 나에게 아주 중대한 요점이다. 그리고 단지 사정이 이러하다는 이유만으로, 만약 주님이 이 일을 전혀 진전시키지 않으심으로써 훨씬 더 많은 영광을 받으실 수 있다면 나는 그분의 은혜로 또 다른 고아원과 관련한 모든 생각을 포기하더라도 전적으로 만족할 것이다. 나는 하나님의 도우심으로 이

특별수록. 머레이가 말하는 조지 뮬러의 기도 응답 비밀

일에 관하여 기도하는 가운데 날마다 계속해서 하나님을 기다리는데 더 많이 집중할 것이다. 하나님이 나로 하여금 행동하도록 감동을 주실 때까지 말이다."

"1851년 1월 2일. 일주일 전 나는 앞선 단락을 썼다. 이 주간 동안 나는 여전히 또 다른 고아원에 대한 주님의 인도하심을 구하기 위하여 날마다, 그리고 매일 한 번 이상씩 도움을 받고 있었다. 내 기도의 부담은 여전히 주님의 커다란 자비 가운데 주님이 내가 실수를 저지르지 않도록 지켜달라는 것이었다. 지난 주간 잠언 말씀을 계속 읽는 중에 다음과 같은 말씀으로 이 주제에 관하여 내 마음을 시원하게 해주셨다. '너는 마음을 다하여 여호와를 신뢰하고 네 명철을 의지하지 말라. 너는 범사에 그를 인정하라. 그리하면 네 길을 지도하시리라. 스스로 지혜롭게 여기지 말지어다. 여호와를 경외하며 악을 떠날지어다'(잠 3:5-7). 하나님의 은혜로 나는 범사에, 특히 이 일에서 주님을 인정하고 있다. 그러므로 나는 주님이 이런 부분의 섬김에 관하여 내 길을 지도하실 것이라 확신하고 있다. 내가 거기에 완전히 빠져 들든지 아니든지 상관없이 말이다. 더구나 '정직한 자의 성실은 자기를 인도'(잠 11:3)하는 것처럼 하나님의 은혜로 나는 이 일에서 올바른 길로 나아가고 있다. 내 정직한 목적은 하나님이 영광을 받으시는 것이다. 그러므로 나는 올바른 길로 인도받기를 기대하고 있다. 더 나아가 '너의 행사를 여호와께 맡기라. 그리하면 네가 경영하는 것이 이루어지리라'(잠 16:3). 나는 주님께 내 모든 행사를 맡기고 있으며, 그러므로 내가 경영하는 모든 것이 이루어지기를 기대하고 있다. 내 마음은 주님이 고아원 사역보다 훨씬 더 많은 일에서 나를 사용하기 원하신다는 확신으로 나아가고 있다. 주님, 여기 당신의 종이 있나이다. 나를 쓰시옵소서!"

나중에 두 군데나 더 추가적인 고아원, 곧 네 번째와 다섯 번째 고아원을 짓기로 결정했을 때 조지 뮬러는 다시금 이렇게 기록하고 있다.

"그 마지막 단락을 기록한 이후로 훌쩍 12일이나 지났다. 지금까지 나는 여전히 날마다 고아원 사역을 확장하는 것과 관련하여 날마다 주님을 바라며 기다릴 수 있었다. 또한 나는 이 전체 기간 동안 완벽한 평안 가운데 거하고 있었는데, 그것은 이 일을 통하여 오직 주님의 명예와 동료 직원들의 영적인 유익만을 구하려고 애쓴 결과이다. 그러므로 별다른 노력 없이도 하나님의 은혜로 이 전체 일에 관한 모든 생각을 얼마든지 옆으로 제쳐둘 수 있었다. 만약 그렇게 하는 것이 하나님의 뜻이라고 확신할 수만 있다면 말이다."

"나는 여전히 이 문제를 전적으로 나 자신에게만 제한하고 있다. 비록 이제 그때 이후로 7주가 지나긴 했지만 내 마음은 날마다 그 문제를 곰곰이 생각하고 있다. 그런데 날마다 정기적으로 그 문제에 관하여 기도만 해오고 있기 때문에 단 한 사람도 그에 관하여 알고 있지 못하다. 그러니까 심지어 사랑하는 아내에게까지 한마디도 언급하지 않았으며 잠잠히 오직 하나님만을 바라고 있다. 이 과정에서 그 주제에 관하여 다른 사람들이 말하는 것들에 아무런 영향을 받지 않도록 하기 위해서 말이다."

"오늘 저녁은 특별히 기도하기 위하여 따로 시간을 떼어놓고 내가 이 일에서 실수하지 않도록, 더 나아가 사탄에게 현혹당하지 않도록 주님께 간구하고 있다. 그와 동시에 나도 역시 내 마음속에 떠오르는 또 다른 고아원 건축을 반대할 만한 모든 이유와 고아원 건축을 찬성할 만한 모든 이유를 찾아보려고 노력하였다. 그리고 지금 더 명확하고 분명하게 하기 위하여 이렇게 그 이유들을 찬찬히 적어 내려가고 있는 중이다."

"그러나 이전에는 9가지나 되는 많은 이유가 나를 짓누르고 있었지만 그게 단 하나도 없는 것처럼 나에게 아무런 영향도 미치지 못할 것이다. 그건 바로 이런 이유 때문이다. 몇 달 동안 그 문제를 곰곰이 생각해보고, 그와 관련된 모든 사항과 온갖 어려움을 세밀히 살펴본 후로 수많은 기도를 올려드린 뒤에, 마침내 평강 가운데 이와 같은 확장을 결정하기로 인도하심을 받았기 때문이다. 끊임없이 자꾸 조르는 아이는 하늘에 계신 하나님 아버지께서 어디에 현혹되거나, 심지어 실수를 저지르도록 가만히 내버려두지 않기 때문에 평안 가운데 거하면서 이와 같은 결정에 대하여 완벽하게 평화를 누리게 된다. 그러므로 이 결정은 순조롭게 진행될 수밖에 없으며 하나님을 신뢰하기 때문에 그 사람은 결코 좌절하지 않을 것이다. 그 사람에게도 역시 수많은 엄청난 어려움이 닥칠 수 있겠지만 완

전한 응답을 얻기 전에 이미 헤아릴 수 없을 정도의 기도가 하나님
께 올라가 있을지도 모르는 일이다. 상당히 많은 믿음과 인내의 훈
련이 요구될 수도 있지만 결국에는 다시금 응답을 볼 수 있을 것이
기에 하나님을 신뢰하는 그분의 종은 결코 실망하지 않을 것이다."

기도와 하나님의 영광

나는 지금까지 하나님의 뜻에 따르지 않은 채로 기도함으로써 우리가 구하는 것을 응답받지 못하는 이유를 외부에서 찾으려고 애써왔다. 하지만 성경은 우리 자신에게서 그 원인을 먼저 찾으라고 경고하고 있다. 이를테면 우리는 올바른 상태에 있지도, 올바른 영으로 구하지도 않고 있다는 것이다. 그 일이 하나님의 뜻과 완전히 일치할 수도 있지만 간구하는 자세와 간구하는 자의 영은 그렇지 않을 수도 있다. 그러므로 우리는 응답을 받지 못하게 된다.

모든 죄악의 거대한 뿌리는 자아이자 자기를 추구하는 자세이기에, 심지어 더 많은 영적인 갈망 속에서도 이것만큼 하나님의 응답을 너무나 효과적으로 가로막는 것은 아무것도 없다. 곧 우리가 자기 자신의 쾌락이나 영광을 위하여 기도하는 것이다. 능력과 설득력 있는 기도는 하나님의 영광을 위하여 간구해야 하며 그 사람이 하나님의 영광을 위하여 살아갈 때라야 비로소 그렇게 할 수 있다.

우리는 기도의 여정을 시작하는 순간부터 하나님께 영광을 돌리기 위하여 신중하고 체계적으로 그 사람을 인도하시는 성령에 관한 놀라운 역사를 뮬러에게서 목격하게 된다. 우리는 다음의 기록을 통해 뮬러가 뭐라고 말하는지를 심사숙고하여 하나님이 우리에게 가르치기 원하시는 교훈을 배워야 한다.

"우리 시대에 하나님의 자녀들에게 특별히 필요한 것들 중에 하나가 그 사람의 믿음을 강하게 만드는 것임을 입증하는 사례들이 나에게 꾸준히 제시되어 왔다. 그러므로 나는 우리 하나님 아버지께서 지금까지 그래왔던 것과 같이 신실하신 하나님이시며, 이전만큼이나 지금도 역시 그분을 신뢰하는 모든 사람에게 아주 기꺼이 살아계신 하나님으로서 그분 자신을 충분히 입증하신다고 확신한다."

"내 영은 그 사람들의 믿음을 강화시키기 위한 도구로 사용되기를 갈망한다. 그분을 의지하는 모든 사람을 도와주기 위하여 그분 자신의 기꺼운 마음과 능력에 관해 하나님의 말씀으로부터 나오는 여러 가지 증거들을 그 사람들에게 제시할 뿐만 아니라 그분이 우리 시대에도 역시 동일하신 분이라는 여러 가지 증거들을 보여줌으로써 그렇게 하기를 원한다. 나는 하나님의 말씀만으로도 당연히 충분하다는 사실을 잘 알고 있으며 나에게도 은혜로 말미암아 그것은 충분했다는 사실을 잘 알고 있다. 그러나 여전히 우리 형제자매들의 돕는 손길을 빌려야 한다고 생각했다."

"그러므로 나는 그리스도의 교회에 종으로 매인 몸이라고 생각하였으며, 특히 그로 말미암아 자비, 다시 말해 그분의 말씀을 통하여 하나님을 만날 수 있으며, 그 말씀을 의지할 수 있다는 점에서 더욱 그렇다. 이 일의 첫 번째 목적은 이전뿐만 아니라 지금도 역시 다음과 같다. 곧 내가 돌보고 있는 고아들이 자신들에게 필요한 모든 것을 다른 어느 누구에게도 요청하지 않은 채로 오직 기도와 믿음을 통하여 공급받고 있다는 사실로 말미암아 하나님께서 영광받으실 수 있도록 하는 것이다. 이를 통하여 하나님은 여전히 신실하신 분이며 여전히 우리의 기도를 듣고 계시는 분임을 드러낼 수 있을 것이다."

"나는 다시금 이 마지막 며칠 동안 고아원에 관하여 상당히 많이 기도하였으며 자주 내 마음을 주의 깊게 살펴보았다. 그러면서 만약 고아원을 세우는 일에 나 자신을 만족시키려는 소망이 추호라도 자리 잡고 있다면 내가 그것을 발견할 수 있도록 해달라고 기도하였다. 왜냐하면 내가 오직 주님의 영광만을 바랄 때 만약 그 문제가 하나님께 속한 게 아니라면 나는 우리 형제들을 사용하셔서 내게 가르침을 주시는 하나님을 기뻐할 것이다."

"1835년에 드디어 고아원 사역을 시작했을 때 내가 가진 주요한 목적은 단순히 기도와 믿음이라는 도구를 통하여 성취할 수 있는 것들에 관한 실제적인 본보기를 제시함으로써 하나님의 영광을 드러내는 것이었다. 또한 그것은 이 일을 통하여 지금도 여전히 살아 계신 하나님이라는 사실을 보여줌으로써 교회에 유익을 줄 뿐만 아니라 아무런 관심도 없는 세상에 하나님의 일에 관한 실상을 알도록 인도하기 위한 것이었다. 내 목표는 하나님께로부터 넉넉하게 존중을 받았다. 수많은 죄인이 회심하기에 이르렀으며 내가 예상했던 것과 마찬가지로 전 세계 곳곳에 있는 수많은 하나님의 자녀가 이 일을 통하여 상당히 많은 혜택을 누리게 되었다. 그러나 이 일이 점점 더 크게 확장됨에 따라 그 축복도 점점 더 커지게 되었으며 내가 찾아다녔던 바로 그 방식으로 그 축복이 베풀어졌다. 수많은 사람이 그 일에 주의를 기울이게 되었으며 수많은 사람이 그 사역을 직접 목격하려고 찾아오게 되었다."

"이 모든 것은 하나님께 더욱 커다란 영광을 돌리기 위하여 이런 식으로 점점 더 수고하고 싶은 마음을 품도록 나를 인도하고 있다. 언제든지 주님을 바라보고 찬미하고 탄복하고 신뢰하고 의지할 수 있다는 사실이 바로 이 섬김의 사역에서, 그리고 특별히 이처럼 의도적인 사역 확장에서 내가 목표하는 바이다. 어떻게 아주 가난한 사람이라도 단지 하나님을 신뢰함으로써 기도를 시작할 수 있는지 보여줄 수 있다는 사실은, 그리고 이를 통하여 다른 하나님의 자녀들이 하나님을 의뢰하는 가운데 계속해서 하나님의 일을 하도록 인도받을 수 있다는 사실은, 그리고 하나님의 자녀들이 각자 자기 자신의 개인적인 위치와 환경에서 하나님을 점점 더 많이 신뢰하도록 인도받을 수 있다는 사실은 나로 하여금 이처럼 더 많은 사역 확장으로 인도받게 만들었다."

기도와 하나님을 신뢰하기

   조지 뮬러의 이야기에서 발견할 수 있는 것들에 관하여 내가 지적하고 싶은 몇 가지 다른 요점들이 있기는 하지만, 한 가지만 더 이야기하는 것으로도 충분하리라 확신한다. 그건 바로 끈질긴 기도의 비밀로써 하나님의 약속에 관한 확고하고도 흔들리지 않는 신뢰라는 교훈이다. 만약 우리가 하나님의 약속을 굳게 붙잡고서 하나님 아버지께서 우리의 기도를 들으신다고 믿는다면 우리는 조금이라도 지체하거나 믿음이 흔들리도록 가만히 내버려두어서는 안 된다.

   "일상적인 기도에 대한 완전한 응답은 그게 완전히 실현되는 것과는 상당히 거리가 있지만 기도를 계속할 수 있도록 우리 주님이 허락하시는 풍성한 격려가 있었다. 그러나 앞으로 받을 것보다는 이미 임한 것들이 훨씬 더 적다고 한 번 가정해보라. 성경적인 근거 위에서 이미 결론에 도달한 이후에, 그리고 상당히 많은 기도와 자기 성찰의 시간을 보낸 이후에 나는 이 목적에 관하여 믿음과 인내를 훈련하는 데서 아무런 흔들림 없이 계속해 나가야 한다. 그러므로 일단 기도 가운데 하나님 앞으로 가져온 어떤 것이 하나님의 뜻에 따른 것이라는 사실에 만족하는 모든 하나님의 자녀는 그 축복을 받을 때까지 믿음과 기대와 끈기의 기도를 계속해야 한다."

"그러니까 나는 단 하루도 쉬지 않고 지난 10년 6개월 동안 날마다 하나님을 추구했던 바로 그 특정한 축복들을 지금도 가만히 기다리고 있다. 아직도 어떤 개인들의 회심에 관해서는 충분한 응답이 이루어지지 않았다. 비록 그 사이에 지금까지 수천 가지 기도 응답을 받기는 했지만 말이다. 또한 나는 약 10여 년 동안 각각 다른 개인들의 회심을 위하여, 6~7년 동안은 다른 사람들을 위하여, 2~3년 동안은 또 다른 사람들을 위하여 쉬지 않고 날마다 기도해 왔다. 그러나 여전히 그 사람들에 관한 응답은 이루어지지 않고 있다. 한편 그러는 사이에 다른 수많은 기도는 상당히 많이 응답되었으며, 또한 내가 기도해왔던 많은 영혼이 회심하기도 하였다."

"내가 하나님께 구하기만 하면 즉각적으로 응답을 받았다고 생각할 수도 있는 사람들의 유익을 위하여, 또는 내가 어떤 것에 관하여 기도하면 그 응답을 확실히 얻을 것이라고 생각하는 사람들의 유익을 위하여 특별히 이 점을 강조하고자 한다. 어떤 사람이든 오직 하나님의 마음에 따라 기도할 경우에만 응답을 받으리라고 기대할 수 있다. 심지어 그럴 때라도 상당히 오랜 세월 동안 인내와 믿음을 훈련해왔을지도 모른다. 지금까지 내가 언급해온 문제에 관하여 나역시도 그런 훈련을 받았으니까 말이다. 그럼에도 나는 여전히 날마다 계속해서 기도하는 가운데 너무나 확실하게 응답을 기대하고 있기에 종종 나는 하나님이 확실하게 응답을 주실 것이라는 사실에 감사해왔다. 비록 이제 19년 동안이나 이런 식으로 믿음과 인내를 훈련해왔을지라도 말이다. 사랑하는 그리스도인들이여, 기도에 당신 자신을 내주기 위하여 성실함으로 용기를 내라. 만약 당신이 오직 하나님의 영광만을 위하여 그런 것들을 구한다고 확실할 수 있는 경우라면 말이다."

"그러나 가장 놀라운 요점은 바로 이것이다. 곧 새로운 고아원을 준비하고 진척시키는 데 필요한 모든 수단을 위해 나는 6년 8개월 동안 기도했으며, 대개는 날마다 몇 차례씩 기도하면서 고아원사역을 확장하는 데 필요한 여러 가지 수단을 나에게 제공해달라고 간청하였다. 1861년 봄에 진행된 계산에 따르면 거기에 대략 5만 파운드의 자금이 투입되었던 것으로 나타났는데 그게 지금까지 내가 지원받은 총액이었다. 내 마음속에 이처럼 그 일을 확장시키도록 꿈을 꾸게 하신 주님, 그를 향한 용기와 믿음을 나에게 불어넣어주신 주님께 찬양과 영광을 올려드린다. 그리고 다른 무엇보다도 아무런 흔들림 없이 내 믿음을 지켜주신 주님께 찬양과 영광을 올려드린다."

"그 후원금 중에서 최종 금액을 받는 순간, 이처럼 거대한 액수를 향하여 나아가면서 단 한 푼의 기부금도 받지 못했을 때보다 그 전체적인 계획에 관하여 더 많이 확신했던 때는 없었다고 회고하게 되었다. 이제 나는 한 번 하나님의 마음을 배운 이후에 수백 명의 고아들을 수용하는 두 개의 고아원이 이미 내 앞에 세워졌던 것처럼 하나님이 그 목적을 달성하실 것이라고 처음부터 충분히 확신하게 되었다."

"나는 이 주제와 관련해서 어린 신자들을 위하여 여기에 간략하게 몇 가지를 언급하고자 한다. 첫째, 주님을 섬기는 일이나 당신의 일터나 당신의 가정에서 새로운 조치를 취하고자 할 때 천천히 한 걸음씩 나아가면서 모든 사항을 꼼꼼히 면밀하게 따져보고, 하나님을 경외하면서 거룩한 성경의 조명 아래 모든 것을 철저히 비춰보기 바란다. 둘째, 하나님의 마음을 확인하기 위하여 당신이 취하려고 하는 어떤 조치와 관련하여 당신 자신의 뜻은 조금도 구하지 말기 바란다. 그리하여 만약 하나님이 기뻐하면서 당신을 교훈하고자 하신다면 당신은 기꺼이 하나님의 뜻을 행하려 한다고 정직하게 고백하기 바란다. 셋째, 그러나 하나님의 뜻이 무엇인지를 파악하고, 하나님의 도우심을 구하면서 간절하고 끈질기게, 인내심을 갖고 믿으면서 그 뜻을 구할 때 당신은 하나님의 때와 방법에 따라 분명히 그것을 얻게 될 것이다."

"우리가 단지 재정적인 부분에서만 어려움을 겪을 것이라고 생각한다면 실수를 저지르게 될 것이다. 그 외에도 다른 수많은 부족한 것과 수많은 다른 어려움이 생겨나게 된다. 아무런 어려움이나 부족함 없이 어느 하루를 그냥 지나가는 것은 굉장히 드문 일이다. 오히려 날마다 매번 극복해야 할 수많은 어려움과 수많은 필요가 언제나 도사리고 있다. 이 모든 것은 우리의 우주적인 치유책인 기도와 믿음으로 해결되어야 한다. 우리 주 예수님의 이름으로 하나님께 드려지는 끈질긴 믿음의 기도는 항상 그 즉시 축복을 가져오게 된다. 내가 하나님의 영광을 위하여, 그리고 어떤 실제적인 선을 위하여 그렇게 되리라고 확신할 수만 있다면 하나님의 은혜로 어떤 축복이든 받게 되리라는 사실을 확실히 믿어 의심치 않는다."

이처럼 조지 뮬러의 기도 응답 비밀은 단순했다. 오직 하나님의 영광만을 위하여 기도했다. 5만 번 이상 기도 응답을 받았다는 조지 뮬러의 기도처럼 당신도 하나님의 영광만을 위한 단순한 기도로 응답의 축복을 누리기 바란다.

조지 뮬러를 기도의 사람으로 만든 성경 구절들

특별한 성경의 개념과 약속들은 이 하나님의 사람에게 상당한 영향을 미쳤고, 시편 119편 105절의 말씀처럼 그가 가는 길의 지침이 될 때가 자주 있었다. "주의 말씀은 내 발에 등이요 내 길에 빛이니이다."

뮬러가 갈림길에 도달할 때마다 올바른 방향을 지시하시는 하나님의 표지판이 된 성경 구절들을 그가 도움을 받은 순서대로 여기에 소개한다. 그 성경 구절들을 연구해보면 그의 삶을 개괄하는 일종의 영적 자서전이라는 게 드러날 것이다.

"하나님이 세상을 이처럼 사랑하사 독생자를 주셨으니 이는 그를 믿는 자마다 멸망하지 않고 영생을 얻게 하려 하심이라"(요 3:16).

"무릇 사람을 믿으며 육신으로 그의 힘을 삼고 마음이 여호와에게서 떠난 그 사람은 저주를 받을 것이라"(렘 17:5).

"너희 성도들아 여호와를 경외하라. 그를 경외하는 자에게는 부족함이 없도다"(시 34:9).

"피차 사랑의 빚 외에는 아무에게든지 아무 빚도 지지 말라"(롬 13:8).

"너희는 먼저 그의 나라와 그의 의를 구하라. 그리하면 이 모든 것을 너희에게 더하시리라"(마 6:33).

"성경은 능히 너로 하여금 그리스도 예수 안에 있는 믿음으로 말미암아 구원에 이르는 지혜가 있게 하느니라"(딤후 3:15).

"구하라. 그리하면 너희에게 주실 것이요 찾으라. 그리하면 찾아낼 것이요 문을 두드리라. 그리하면 너희에게 열릴 것이니 구하는 이마다 받을 것이요 찾는 이는 찾아낼 것이요 두드리는 이에게는 열릴 것이니라"(마 7:7-8).

"너희가 내 이름으로 무엇을 구하든지 내가 행하리니 이는 아버지로 하여금 아들로 말미암아 영광을 받으시게 하려 함이라. 내 이름으로 무엇이든지 내게 구하면 내가 행하리라"(요 14:13-14).

"그러므로 내가 너희에게 이르노니 목숨을 위하여 무엇을 먹을까 무엇을 마실까 몸을 위하여 무엇을 입을까 염려하지 말라. 목숨이 음식보다 중하지 아니하며 몸이 의복보다 중하지 아니하냐. 공중의 새를 보라. 심지도 않고 거두지도 않고 창고에 모아들이지도 아니하되 너희 하늘 아버지께서 기르시나니 너희는 이것들보다 귀하지 아니하냐. 너희 중에 누가 염려함으로 그 키를 한 자라도 더할 수 있겠느냐. 또 너희가 어찌 의복을 위하여 염려하느냐. 들의 백합화가 어떻게 자라는가 생각하여 보라. 수고도 아니하고 길쌈도 아니하느니라. 그러나 내가 너희에게 말하노니 솔로몬의 모든 영광으로도 입은 것이 이 꽃 하나만 같지 못하였느니라. 오늘 있다가 내일 아궁이에 던져지는 들풀도 하나님이 이렇게 입히시거든 하물며 너희일까 보냐. 믿음이 작은 자들아. 그러므로 염려하여 이르기를 무엇을 먹을까 무엇을 마실까 무엇을 입을까 하지 말라. 이는 다 이방인들이 구하는 것이라. 너희 하늘 아버지께서 이 모든 것이 너희에게 있어야 할 줄을 아시느니라. 그런즉 너희는 먼저 그의 나라와 그의 의를 구하라. 그리하면 이 모든 것을 너희에게 더하시리라. 그러므로 내일 일을 위하여 염려하지 말라. 내일 일은 내일이 염려할 것이요 한 날의 괴로움은 그날로 족하니라"(마 6:25-34).

"그러므로 예수께서 자기를 믿은 유대인들에게 이르시되 너희가 내 말에 거하면 참으로 내 제자가 되고 진리를 알지니 진리가 너희를 자유롭게 하리라"(요 8:31-32).

"내 형제들아 영광의 주 곧 우리 주 예수 그리스도에 대한 믿음을 너희가 가졌으니 사람을 차별하여 대하지 말라. 만일 너희 회당에 금 가락지를 끼고 아름다운 옷을 입은 사람이 들어오고 또 남루한 옷을 입은 가난한 사람이 들어올 때에 너희가 아름다운 옷을 입은 자를 눈여겨보고 말하되 여기 좋은 자리에 앉으소서 하고 또 가난한 자에게 말하되 너는 거기 서 있든지 내 발등상 아래에 앉으라 하면 너희끼리 서로 차별하며 악한 생각으로 판단하는 자가 되는 것이 아니냐. 내 사랑하는 형제들아 들을지어다. 하나님이 세상에서 가난한 자를 택하사 믿음에 부요하게 하시고 또 자기를 사랑하는 자들에게 약속하신 나라를 상속으로 받게 하지 아니하셨느냐. 너희는 도리어 가난한 자를 업신여겼도다. 부자는 너희를 억압하며 법정으로 끌고 가지 아니하느냐"(약 2:1-6).

"우리에게 주신 은혜대로 받은 은사가 각각 다르니 혹 예언이면 믿음의 분수대로 혹 섬기는 일이면 섬기는 일로 혹 가르치는 자면 가르치는 일로 혹 위로하는 자면 위로하는 일로 구제하는 자는 성실함으로 다스리는 자는 부지런함으로 긍휼을 베푸는 자는 즐거움으로 할 것이니라"(롬 12:6-8).

"이 모든 일은 같은 한 성령이 행하사 그의 뜻대로 각 사람에게 나누어주시는 것이니라"(고전 12:11).

"내가 선물을 구함이 아니요 오직 너희에게 유익하도록 풍성한 열매를 구함이라"(빌 4:17).

"너희를 위하여 보물을 땅에 쌓아 두지 말라"(마 6:19).

"너희 소유를 팔아 구제하여 낡아지지 아니하는 배낭을 만들라. 곧 하늘에 둔 바 다함이 없는 보물이니 거기는 도둑도 가까이 하는 일이 없고 좀도 먹는 일이 없느니라"(눅 12:33).

"하나님이 처음으로 이방인 중에서 자기 이름을 위할 백성을 취하시려고 그들을 돌보신 것을 시므온이 말하였으니"(행 15:14).

"너는 이것을 알라. 말세에 고통하는 때가 이르러… 악한 사람들과 속이는 자들은 더욱 악하여져서 속이기도 하고 속기도 하나니"(딤후 3:1,13).

"이는 힘으로 되지 아니하며 능력으로 되지 아니하고 오직 나의 영으로 되느니라"(슥 4:6).

"내 은혜가 네게 족하도다"(고후 12:9).

"각 사람은 부르심을 받은 그 부르심 그대로 지내라. …형제들아 너희는 각각 부르심을 받은 그대로 하나님과 함께 거하라"(고전 7:20,24).

"모든 성경은 하나님의 감동으로 된 것으로 교훈과 책망과 바르게 함과 의로 교육하기에 유익하니"(딤후 3:16).

"네 입을 크게 열라. 내가 채우리라"(시 81:10).

"어린아이 하나를 데려다가 그들 가운데 세우시고 안으시며 제자들에게 이르시되 누구든지 내 이름으로 이런 어린아이 하나를 영접하면 곧 나를 영접함이요 누구든지 나를 영접하면 나를 영접함이 아니요 나를 보내신 이를 영접함이니라"(막 9:36-37).

"할 수 있거든 너희로서는 모든 사람과 더불어 화목하라"(롬 12:18).

"그들은 잠시 자기의 뜻대로 우리를 징계하였거니와 오직 하나님은 우리의 유익을 위하여 그의 거룩하심에 참여하게 하시느니라. 무릇 징계가 당시에는 즐거워 보이지 않고 슬퍼 보이나 후에 그로 말미암아 연단받은 자들은 의와 평강의 열매를 맺느니라"(히 12:10-11).

"무엇이든지 기도하고 구하는 것은 받은 줄로 믿으라. 그리하면 너희에게 그대로 되리라"(막 11:24).

"기도를 들으시는 주여 모든 육체가 주께 나아오리이다"(시 65:2).

"하나님을 두려워하는 너희들아 다 와서 들으라. 하나님이 나의 영혼을 위하여 행하신 일을 내가 선포하리로다"(시 66:16).

"하나님은 고아의 아버지시며"(시 68:5).

"내 아들아 여호와의 징계를 경히 여기지 말라. 그 꾸지람을 싫어하지 말라"(잠 3:11).

"아버지가 자식을 긍휼히 여김같이 여호와께서는 자기를 경외하는 자를 긍휼히 여기시나니"(시 103:13).

"예수 그리스도는 어제나 오늘이나 영원토록 동일하시니라"(히 13:8).

"여호와께서 여기까지 우리를 도우셨다"(삼상 7:12).

"너희는 여호와의 선하심을 맛보아 알지어다. 그에게 피하는 자는 복이 있도다"(시 34:8).

"나는 가난하고 궁핍하오나 주께서는 나를 생각하시오니"(시 40:17).

"여호와께서 자기를 위하여 경건한 자를 택하신 줄 너희가 알지어다. 내가 그를 부를 때에 여호와께서 들으시리로다"(시 4:3).

"여호와 이레(여호와께서 준비하심)"(창 22:14).

"내가 결코 너희를 버리지 아니하고 너희를 떠나지 아니하리라 하셨느니라. 그러므로 우리가 담대히 말하되 주는 나를 돕는 이시니"(히 13:5-6).

"보증이 되기를 싫어하는 자는 평안하니라"(잠 11:15).

"너희가 다 믿음으로 말미암아 그리스도 예수 안에서 하나님의 아들이 되었으니"(갈 3:26).

"너희 염려를 다 주께 맡기라. 이는 그가 너희를 돌보심이라"(벧전 5:7).

"아무것도 염려하지 말고 다만 모든 일에 기도와 간구로 너희 구할 것을 감사함으로 하나님께 아뢰라"(빌 4:6).

"예수께서 이르시되 내 말이 네가 믿으면 하나님의 영광을 보리라 하지 아니하였느냐 하시니"(요 11:40).

"우리가 알거니와 하나님을 사랑하는 자 곧 그의 뜻대로 부르심을 입은 자들에게는 모든 것이 합력하여 선을 이루느니라"(롬 8:28).

"세상을 심판하시는 이가 정의를 행하실 것이 아니니이까"(창 18:25).

"천국이 이런 사람의 것이니라"(마 19:14).

"자기 아들을 아끼지 아니하시고 우리 모든 사람을 위하여 내주신 이가 어찌 그 아들과 함께 모든 것을 우리에게 주시지 아니하겠느냐"(롬 8:32).

"온갖 좋은 은사와 온전한 선물이 다 위로부터 빛들의 아버지께로부터 내려오나니"(약 1:17).

"젊은 사자는 궁핍하여 주릴지라도 여호와를 찾는 자는 모든 좋은 것에 부족함이 없으리로다"(시 34:10).

"흩어 구제하여도 더욱 부하게 되는 일이 있나니 과도히 아껴도 가난하게 될 뿐이니라. 구제를 좋아하는 자는 풍족하여질 것이요 남을 윤택하게 하는 자는 자기도 윤택하여지리라"(잠 11:24-25).

"주라. 그리하면 너희에게 줄 것이니 곧 후히 되어 누르고 흔들어 넘치도록 하여 너희에게 안겨주리라. 너희가 헤아리는 그 헤아림으로 너희도 헤아림을 도로 받을 것이니라"(눅 6:38).

"가난한 자들은 항상 너희와 함께 있으니 아무 때라도 원하는 대로 도울 수 있거니와 나는 너희와 항상 함께 있지 아니하리라"(막 14:7).

"그러므로 너희의 선한 것이 비방을 받지 않게 하라"(롬 14:16).

"너희 관용을 모든 사람에게 알게 하라"(빌 4:5).

"내 형제들아 너희가 여러 가지 시험을 당하거든 온전히 기쁘게 여기라. 이는 너희 믿음의 시련이 인내를 만들어 내는 줄 너희가 앎이라. 인내를 온전히 이루라. 이는 너희로 온전하고 구비하여 조금도 부족함이 없게 하려 함이라"(약 1:2-4).

"너는 마음을 다하여 여호와를 신뢰하고 네 명철을 의지하지 말라. 너는 범사에 그를 인정하라. 그리하면 네 길을 지도하시리라"(잠 3:5-6).

"정직한 자의 성실은 자기를 인도하거니와 사악한 자의 패역은 자기를 망하게 하느니라"(잠 11:3).

"너의 행사를 여호와께 맡기라. 그리하면 네가 경영하는 것이 이루어지리라"(잠 16:3).

"내게 주신 은혜로 말미암아 너희 각 사람에게 말하노니 마땅히 생각할 그 이상의 생각을 품지 말고 오직 하나님께서 각 사람에게 나누어주신 믿음의 분량대로 지혜롭게 생각하라"(롬 12:3).

"이것이 곧 적게 심는 자는 적게 거두고 많이 심는 자는 많이 거둔다 하는 말이로다"(고후 9:6).

"여호와여 주의 이름을 아는 자는 주를 의지하오리니 이는 주를 찾는 자들을 버리지 아니하심이니이다"(시 9:10).

"주께서 심지가 견고한 자를 평강하고 평강하도록 지키시리니 이는 그가 주를 신뢰함이니이다. 너희는 여호와를 영원히 신뢰하라. 주 여호와는 영원한 반석이심이로다"(사 26:3-4).

"견실하며 흔들리지 말고 항상 주의 일에 더욱 힘쓰는 자들이 되라. 이는 너희 수고가 주 안에서 헛되지 않은 줄 앎이라"(고전 15:58).

"우리가 선을 행하되 낙심하지 말지니 포기하지 아니하면 때가 이르매 거두리라"(갈 6:9).

"여호와여 내가 알거니와 주의 심판은 의로우시고 주께서 나를 괴롭게 하심은 성실하심 때문이니이다"(시 119:75).

"나의 앞날이 주의 손에 있사오니"(시 31:15).

"여호와 하나님은 해요 방패이시라. 여호와께서 은혜와 영화를 주시며 정직하게 행하는 자에게 좋은 것을 아끼지 아니하실 것임이니이다"(시 84:11).

"나를 붙드소서. 그리하시면 내가 구원을 얻고 주의 율례들에 항상 주의하리이다"(시 119:117).

"보라. 내가 속히 오리니 내가 줄 상이 내게 있어 각 사람에게 그가 행한 대로 갚아주리라"(계 22:12).

"우리 가운데서 역사하시는 능력대로 우리가 구하거나 생각하는 모든 것에 더 넘치도록 능히 하실 이에게"(엡 3:20). ■